알아두면 쓸모있는
영어회화 잡학사전

알아두면 쓸모있는
영어회화 잡학사전

2021년 3월 8일 초판 1쇄 발행
2022년 6월 24일 초판 2쇄 발행

저　　자 | 서장혁
디 자 인 | 이가민
펴 낸 곳 | 토마토출판사
주　　소 | 서울시 마포구 양화로 161 케이스퀘어 727호
T E L | 1544-5383
홈페이지 | www.tomato4u.com
등　　록 | 2012. 1. 11.

* 값은 커버에 표시되어 있음.
* 이 책은 국제저작권법에 의해 보호받으므로
  어떠한 형태로든 전재, 복제, 표절할 수 없음.
Copyright 2022 by 토마토출판사

알아두면 쓸모있는
영어회화 잡학사전

서장혁 지음

토마토
출판사

CONTENTS

알아두면 쓸모있는 영어회화 잡학사전

 회화 할 때 같은 뜻으로 잘못 알고 쓰는 단어 정리

- **001강** '보다'에는 무슨 단어를 쓸까? ····· 12
(see / look / watch / stare)
- **002강** '듣다'에는 무슨 단어를 쓸까? ····· 14
(hear / listen / sound)
- **003강** '말하다'에는 무슨 단어를 쓸까? ····· 16
(say / tell / talk / speak)
- **004강** '찾다'에는 무슨 단어를 쓸까? ····· 18
(find / look for / search (for))
- **005강** '가다'에는 무슨 단어를 쓸까? ····· 20
(go / come / be)
- **006강** '도착하다'에는 무슨 단어를 쓸까? ····· 22
(get / arrive / reach)
- **007강** '~하고 싶어'에는 무슨 단어를 쓸까? ····· 25
(like / want / prefer / would like)
- **008강** '알다'에는 무슨 단어를 쓸까? ····· 27
(know / be aware of / be familiar with / find out / figure out / realize / understand / notice / recognize)
- **009강** '배우다'에는 무슨 단어를 쓸까? ····· 30
(study / learn)
- **010강** '사다'에는 무슨 단어를 쓸까? ····· 32
(get / buy / purchase / afford)
- **011강** '지불하다'에는 무슨 단어를 쓸까? ····· 34
(pay / spend / cost / charge)
- **012강** '옮기다'에는 무슨 단어를 쓸까? ····· 37
(move / carry / convey)
- **013강** '제안하다'에는 무슨 단어를 쓸까? ····· 39
(suggest / recommend / propose / offer)

014강 '~하게 하다'에는 무슨 단어를 쓸까? ·································· 41
(let / allow / permit)

015강 '~인 거 같아'에는 무슨 단어를 쓸까? ······························· 44
(I think / I am afraid)

016강 '생각하다'에는 무슨 단어를 쓸까? ···································· 46
(think / suppose / guess / imagine)

017강 '생각나다'에는 무슨 단어를 쓸까? ···································· 48
(think of / remember / memorize)

018강 '떠오르다'에는 무슨 단어를 쓸까? ···································· 50
(think of / occur to / come up with)

019강 '생각나게 하다'에는 무슨 단어를 쓸까? ····························· 52
(remind / recall / recollect)

020강 '곰곰이 생각하다'에는 무슨 단어를 쓸까? ························· 54
(think about / think over / consider)

021강 '알리다 / 알려주다'에는 무슨 단어를 쓸까? ····················· 56
(tell / let someone know / inform / notify / announce / report)

022강 '입다'에는 무슨 단어를 쓸까? ··· 58
(wear / put on / try on / get dressed)

023강 '바꾸다'에는 무슨 단어를 쓸까? ······································ 60
(change / exchange / switch)

024강 '다루다, 처리하다'에는 무슨 단어를 쓸까? ····················· 62
(deal with / handle / control)

025강 '떠나다, 출발하다'에는 무슨 단어를 쓸까? ····················· 64
(leave / start / depart)

026강 '다른'에는 무슨 단어를 쓸까? ··· 66
(another / different / other / the other)

027강 '~ 가능해?'에는 무슨 단어를 쓸까? ································ 68
(possible / available)

028강 '~하곤 했었어'에는 무슨 단어를 쓸까? ·························· 70
(would / used to)

029강 '~해야 해'에는 무슨 단어를 쓸까? ································· 72
(should / have to / gotta / must / be supposed to)

030강 '~일 지 몰라'에는 무슨 단어를 쓸까? ····························· 74
(may / might / may be / might be / must be)

2 회화 할 때 여러의미로 잘 쓰이는 만능 단어정리

- **031강** 만능 단어 'GET'을 활용해 보자 - 1. ······················· 78
- **032강** 만능 단어 'GET'을 활용해 보자 - 2. ······················· 80
- **033강** 만능 단어 'HAVE'를 활용해 보자. ······················· 82
- **034강** 만능 단어 'TAKE'를 활용해 보자. ······················· 84
- **035강** 만능 단어 'GO'를 활용해 보자. ························ 86
- **036강** 만능 단어 'DO'를 활용해 보자. ························ 88
- **037강** 만능 단어 'MAKE'를 활용해 보자. ······················· 90
- **038강** 만능 단어 'WORK'를 활용해 보자. ······················· 92
- **039강** 만능 단어 'KEEP'를 활용해 보자. ······················· 94
- **040강** 만능 단어 'MIND'를 활용해 보자. ······················· 96
- **041강** 만능 단어 'MISS'를 활용해 보자. ······················· 98
- **042강** 만능 단어 'EXPECT'를 활용해 보자. ······················ 100
- **043강** 만능 단어 'LEAVE'를 활용해 보자. ······················· 102
- **044강** 만능 단어 'MEAN'을 활용해 보자. ······················· 104
- **045강** 만능 단어 'LAST'를 활용해 보자. ······················· 106
- **046강** 만능 단어 'BREAK'를 활용해 보자. ······················ 108
- **047강** 만능 단어 'CLOSE'를 활용해 보자. ······················ 110
- **048강** 만능 단어 'OPEN'을 활용해 보자. ······················· 112
- **049강** 만능 단어 'LIKE'를 활용해 보자. ······················· 114
- **050강** 만능 단어 'LIVE'을 활용해 보자. ······················· 116

3 회화 할 때 의미 구별이 혼동되는 단어정리

- **051강** 의미가 혼동되는 단어 구별하기 ······················· 120
  (be / get)

| 052강 | 의미가 혼동되는 단어 구별하기 ··· 122
(bring / take)

| 053강 | 의미가 혼동되는 단어 구별하기 ··· 124
(감각동사 : look / sound / feel / smell / taste)

| 054강 | 의미가 혼동되는 단어 구별하기 ··· 126
(감각동사에 like를 붙이기)

| 055강 | 의미가 혼동되는 단어 구별하기 ··· 128
(사역동사 : let / make / have / get / help)

| 056강 | 의미가 혼동되는 단어 구별하기 ··· 130
(can / could / could)

| 057강 | 의미가 혼동되는 단어 구별하기 ··· 132
(will / would / would)

| 058강 | 의미가 혼동되는 단어 구별하기 ··· 134
(How many / How much / How old / How soon / How late / How often / How long /
How far / How dare / How come / How about)

| 059강 | 의미가 혼동되는 단어 구별하기 ··· 138
(because / since / as / for / now that)

| 060강 | 의미가 혼동되는 단어 구별하기 ··· 141
(a / an / the)

4 회화 할 때 가장 알쏭달쏭한 시제 표현 정리

| 061강 | 현재가 현재가 아니다? ··· 146
(현재형 / 현재진행형 구별해서 사용하기)

| 062강 | 미래형을 표현하는 다양한 방법 ··· 148
(will / be going to / be + ~ing)

| 063강 | 과거형을 쓸까? 완료형을 쓸까? ··· 150
(과거형 / 현재완료형 구별해서 사용하기)

| 064강 | 조동사에 완료형을 더하면? ··· 152
(would / could / should + have + p.p)

| 065강 | 회화에서 아주 많이 사용하는 현재완료진행형 ························· 154

| 066강 | '~하려고 하다'의 시간별 표현해 보기 ··································· 156
(I just wanted to / I am trying to / I am about to / I am going to)

067강 '지금'이라고 할 때는 어떤 표현을 쓸까? ······························ 158
(now / currently / right now / at the moment / for now)

068강 '요즘'이라고 할 때는 어떤 표현을 쓸까? ······························ 160
(recently / lately / these days / nowadays)

069강 '예전에'라고 할 때는 어떤 표현을 쓸까? ····························· 162
(ago / before)

070강 '예전에'라고 할 때는 어떤 표현을 쓸까? ····························· 164
(one day / someday / sometime)

5 회화 할 때 많이 써야 되는 전치사 완벽 정리

071강 시간을 표현할 때 쓰는 전치사 완전 정복-1 ························ 168
(in / on / at)

072강 시간을 표현할 때 쓰는 전치사 완전 정복-2 ························ 171
(after / before / in / within / from / since / for / during / by / until)

073강 장소 / 위치를 표현할 때 쓰는 전치사 완전 정복-1 ················ 175
(in / on / at)

074강 장소 / 위치를 표현할 때 쓰는 전치사 완전 정복-2 ················ 177
(in front of / behind / next to / beside / by / near / around / between A and B / among)

075강 장소 / 위치를 표현할 때 쓰는 전치사 완전 정복-3 ················ 180
(over / under / above / below / on / beneath)

076강 방향을 나타낼 때 쓰는 전치사 완벽 정리-1 ························ 182
(into / out of / from / to / from A to B / for / toward)

077강 방향을 나타낼 때 쓰는 전치사 완벽 정리-2 ························ 184
(along / across / through)

078강 방향을 나타낼 때 쓰는 전치사 완벽 정리-3 ························ 186
(up / down)

079강 상태를 나타낼 때 쓰는 전치사 완벽 정리 ···························· 189
(on / off)

080강 대략 ~정도, ~에 대해 ·· 191
(about / over / around)

6 회화 할 때 왕초보 실력 안 들키고 발음하는 방법

081강 단어에서 'N' 다음에 'T'가 올 때 'T'는 약하게 발음한다. ········· 196

082강 단어에서 'S' 다음에 'T'가 올 때 'T'는 약하게 발음한다. ········· 197

083강 단어에서 'R' 다음에 'T'가 올 때 'T'는 약하게 발음한다. ········· 198

084강 단어에서 'N' 다음에 'D'가 올 때 'D'는 약하게 발음한다. ········· 199

085강 단어에서 'L' 다음에 'D'가 올 때 'D'는 약하게 발음한다. ········· 200

086강 단어가 'D'나 'T'로 끝나고 뒤에 단어 철자 'T'와 충돌할 때 앞 철자 'D'는 주로 생략해서 발음한다. ········· 201

087강 단어가 'D'나 'T'로 끝나고 뒤에 단어 철자 'TH'와 충돌할 때 앞 철자 'D'는 주로 생략해서 발음한다. ········· 202

088강 단어가 'S'로 끝나고 뒤에 단어 철자 'J'와 충돌할 때 앞 철자 'S'는 주로 생략해서 발음한다. ········· 203

089강 단어에서 'T'와 'T'가 겹쳐서 쓰이면 주로 'ㄷ'이나 'ㄹ'로 변형시켜 발음한다. ········· 204

090강 단어 중간에 'T'가 있을 때는 주로 약한 'ㄷ'이나 'ㄹ'로 변형시켜 발음한다. ········· 205

091강 단어가 'D'나 'T'로 끝날 때는 받침 발음한다. ········· 206

092강 would / could / should 끝의 'D'는 받침 발음한다. ········· 207

093강 인칭대명사 다음에 'be' 동사는 apostrophe에 숨겨서 발음한다. ········· 208

094강 IT 다음에 'be' 동사는 apostrophe에 숨겨서 발음한다 ········· 209

095강 주어 'That' 다음에 'be' 동사는 apostrophe에 숨겨서 발음한다. ········· 210

096강 'will' 이나 'would'는 apostrophe에 숨겨서 발음한다. ········· 211

097강 완료형 'have / has / had'는 apostrophe에 숨겨서 발음한다. ········· 212

098강 can과 can't는 강세의 차이로 발음을 구분한다. ········· 213

099강 want 발음은 won't 발음과 구분한다. ········· 214

100강 몇몇 불규칙 동사 과거형은 유사한 발음과 혼동하기 쉬우니 각별히 주의한다. ·· 215

알아두면 쓸모있는 영어회화 잡학사전

회화 할 때 같은 뜻으로 잘못 알고 쓰는 단어 정리

1

001강 '보다'에는 무슨 단어를 쓸까?
(see / look / watch / stare)

- **SEE** : '시력을 통해서 자연스럽게 보다.' (보이다, 우연히 보다, 만나다, 이해하다.)

- **LOOK** : '무엇을 발견하기 위해서 방향을 틀거나 관심을 기울여서 보다.'
  (보다, 찾다, 훑어보다, 검사하다, 검색하다. : 보는 대상이 올 때는 **at** / 찾는 대상이 올 때는 **for** 사용)

- **WATCH** : '시간과 관심을 기울여서 보다.' (TV나 영화를 보다, 사물을 주시하다.)

- **STARE** : '지속적으로 빤히 보다.' (응시하다, 노려보다. : 보는 대상이 올 때는 **at** 사용)

- **SEE** (보이다, 우연히 보다, 만나다, 이해하다.)

  I can't see anything in the fog. (안개 속에서는 아무것도 안 보여.)

  I saw your mother yesterday. (어제 너희 어머니 우연히 봤어.)

  See you. (또 만나.)

  I'm seeing him. (요즘 그 사람 만나.)

  I see. (알겠어. 이해했어)

- **LOOK** (보다, 찾다.)

  Look at me. (나 좀 봐.)

  Look at the picture on page 19. (19 페이지 그림 좀 봐봐.)

  What are you looking for? (뭐 찾고 있어?)

  I'm looking for my key. (내 열쇠 찾고 있어.)

- **WATCH** (보다, 주시하다.)

    I'm watching TV. (TV 보고 있어.)

    Watch your step! ((발 / 계단 / 장애물) 조심해!)

    Can you watch my bag for a second? (잠시 제 짐 좀 봐주실래요?)

- **STARE** (응시하다, 노려보다.)

    Don't stare at the camera! (카메라 빤히 쳐다보지 마!)

    Why do you always stare at me? (왜 항상 빤히 보는 거야?)

복습하기

❶ Can you _____ my bag for a second? : 잠시 제 짐 좀 봐주실래요?

❷ What are you _____ for? : 뭐 찾고 있어?

❸ I'm _____ him. : 요즘 그 사람 만나.

❹ _____ your step! : 계단 조심해!

❺ Don't _____ at the camera! : 카메라 빤히 쳐다보지 마!

❶ watch ❷ looking ❸ seeing ❹ Watch ❺ stare

002강 '듣다'에는 무슨 단어를 쓸까?
(hear / listen / sound)

- **HEAR** : '청력을 통해서 자연스럽게 듣다.' (들리다.)
- **LISTEN** : '관심이나 주의를 기울여 듣다.'
  (귀를 기울이다, 강의를 듣다. : 듣는 대상이 올 때는 to 사용)
- **SOUND** : '음성보다는 전하는 매개체나 내용 자체가 ~하게 들리다.'
  (~로 들리다.)

- **HEAR**

  I can't hear you. (잘 안 들려요.)

  I heard a loud noise. (시끄러운 소음을 들었어요.)

  I can hear the dog barking. (개가 짖는 소리를 들을 수 있어요.)

  Did you hear the news? (그 소식 들었어?)

  I'm sorry to hear that. (안됐군요.)

- **LISTEN**

    Listen carefully. (주의 깊게 들어요.)

    I listen to the radio everyday. (매일 나는 라디오를 들어.)

    Don't listen to him. (그의 말 듣지 마.)

    Are you listening to me? (내 말 듣고 있어?)

    I had an English listening test. (영어 듣기 평가 치렀어.)

- **SOUND**

    Your idea sounds good. (아이디어 좋아요. (좋게 들려요))

    This guitar sounds good. (이 기타 소리 좋아요. (좋게 들려요))

    That sounds great. (좋겠는데. (좋게 들리는데))

    It sounds perfect. (괜찮은 거 같은데.)

복습하기

❶ Are you _____ to me? : 내 말 듣고 있어?

❷ I'm sorry to _____ that. : 안됐군요.

❸ That _____ great. : 좋겠는데. 좋게 들리는데.

❹ Don't _____ to him. : 그의 말 듣지 마.

❺ I can't _____ you. : 잘 안 들려요.

❶ listening ❷ hear ❸ sounds ❹ listen ❺ hear

003강 '말하다'에는 무슨 단어를 쓸까?
(say / tell / talk / speak)

- **SAY** : '아무 목적 없이 그냥 발음하거나 상대방의 말을 그대로 전하다.'
  (말하다. : 전하고자 하는 대상이 올 때는 to 사용)

- **TELL** : '하고자 하는 말이나 정보를 특정 상대에게 전달하거나 가르치다.'
  (말하다. : 특정 내용을 특정 대상에게 알리다.)

- **TALK** : '양방향에서 서로 간 말을 주고받다.' (서로 간 대화하다, 이야기하다.)
  주의 말하는 내용이 올 때는 **about**, 대상이 올 때는 **to** 사용.)

- **SPEAK** : '정보를 공식적으로 전하거나 일방적으로 전달하다. 언어를 말하다.' (연설하다, 상대에게 통화하다, 언어를 할 줄 알다.)
  주의 말을 듣는 대상이 올 때는 **to** 사용

- **SAY**

  Say something. (뭐라도 좀 말해 보세요.)

  That's what she said. (그것이 그녀가 말한 거예요.)

  He said to me "It's my fault." (내 잘못이라고 그가 내게 말했어.)

  I'd like to say a few words of thanks. (감사의 말을 드리고자 해요.)

  They say children should read the originals. (아이들은 원작을 읽어야 한다고 해.)

- **TELL**

  Tell me the truth. (사실을 말해 줘.)

  I told you. (내가 그랬잖아.)

  Can you tell me one more time? (한 번 더 설명해 주실래요?)

  Don't tell a lie. (거짓말 하지 마.)

- **TALK**

  We just talked. (그냥 대화만 했어.)

  Let's talk about our hobby. (우리 취미에 대해 대화 해보자.)

  Don't talk to me. (나한테 말 걸지 마.)

- **SPEAK**

  I can't speak in front of a lot of people. (많은 사람 앞에서는 말할 수가 없어.)

  Can I speak to John? (John 과 통화할 수 있을까요?)

  Can you speak English? (영어 할 줄 아세요?)

복습하기

❶ Can I _____ to John? : John 과 통화할 수 있을까요?

❷ Don't _____ a lie. : 거짓말 하지 마.

❸ I'd like to _____ a few words of thanks. : 감사의 말을 드리고자 해요.

❹ Can you _____ English?. : 영어 할 줄 아세요?

❺ We just _____ : 그냥 대화만 했어.

❶ speak ❷ tell ❸ say ❹ speak ❺ talked

004강 '찾다'에는 무슨 단어를 쓸까?
(find / look for / search for)

- **FIND** : 찾는 행위를 통해 나온 결과에 중점을 둔다.
  (찾다, 발견하다. = DISCOVER)

- **LOOK FOR** : 찾는 과정이나 행동에 중점을 둔다.
  (~을 찾다. = TRY TO FIND)

- **SEARCH (FOR)** : 대상을 찾기 위해 특정 장소를 뒤지다.
  (~을 조사하다, 뒤지다.)

  주의 어떤 대상을 찾기 위해 뒤지는 장소가 바로 올 때는 FOR를 빼고 사용한다.)

  = search for + 찾는 대상 / search + 뒤지는 장소

- **FIND**

  I found it. (찾았어.)

  I found my wallet. (내 지갑 찾았어.)

  I can't find my ticket. (표 못 찾겠어.)

  I can't find a good restaurant in here. (여기 좋은 식당이 없는데.)

  I looked everywhere but I couldn't find it. (모든 곳을 찾아봤지만, 그걸 찾을 수가 없었어.)

- **LOOK FOR**

    I'm looking for my keys. (내 열쇠를 찾고 있어.)

    I'm looking for a new job. (새 직장을 찾고 있어.)

    What are you looking for? (뭐 찾고 있어?)

    Are you still looking for a used car? (아직도 중고차 찾고 있어?)

    Let's look for something to eat. (먹을 것 좀 찾아보자.)

- **SEARCH (FOR)**

    I'm searching for some information on Google. (구글에서 정보 찾고 있어.)

    I searched online. (인터넷 찾아 봤어.)

    I searched my room. (방 다 뒤졌어.)

    I searched my pockets for the keys. (열쇠 찾으려고 내 주머니 뒤졌어.)

복습하기

❶ I _____ it. : 찾았어.

❷ Are you still _____ for a used car? : 아직도 중고차 찾고 있어?

❸ I'm _____ for a new job. : 새 직장을 찾고 있어.

❹ I _____ my room. : 방 다 뒤졌어.

❺ I can't _____ a good restaurant in here. : 여기 좋은 식당이 없는데.

❶ found ❷ looking ❸ looking ❹ searched ❺ find

005강 '가다'에는 무슨 단어를 쓸까?
(go / come / be)

- **GO** : '듣는 사람이 가지 않는 다른 곳으로 향해가다.' 라는 의미. (가다. : 말하는 사람과 듣는 사람이 같이 있을 때)

- **COME** : '듣는 사람에게 향해가다.' 라는 의미. (가다. : 말하는 사람이 듣는 사람에게 갈 때)

- **BE** : '가보다, 정해진 시간에 도착하다.' 라는 의미.

- **GO**

    I'm going. (나는 어디론가 가고 있어.)

    I'm going home, soon. (우리 집으로 곧 갈 거야.)

    Are you going? (어디론가 갈 거야?)

    Are you going to John's party? (John 파티에 갈 거야? (나도 갈지는 아직 안 정했음))

    I will go back to Korea, soon. (나 곧 한국으로 돌아 갈 거야.)

    I went to work by bus today. (오늘 버스를 타고 직장에 갔어. (집에서 말함))

    I'm going to go home by subway. (전철을 타고 집에 가려고 (직장에서 말함))

- **COME**

    I'm coming. (너에게 가고 있어.)

    I'm coming home, soon. (너가 있는 집으로 곧 갈 거야.)

Are you coming? (같이 갈 거야?)

Are you coming to John's party? (내가 참석하는 John 파티에 너도 갈 거야?)

I will come back to Korea, soon. (나 곧 너 있는 한국으로 돌아 갈 거야.)

I'm coming to see you next weekend. (다음 주말에 너 보러 갈 거야.)

I came to work by bus today. (오늘 버스를 타고 직장에 왔어. (직장에서 말함))

I came home by subway. (전철을 타고 집에 왔어. (집에서 말함))

- **BE**

Have you been there? (거기 가 봤어?)

I've been there before. (전에 거기 가 봤어.)

I've been to Jeju island several times. (제주도 여러 번 가 봤어.)

I will be there by three-thirty. (3시30분까지 거기 갈게.)

We should be there by noon. (우리 정오까지 거기 가야 해.)

복습하기

1 Have you _____ there? : 거기 가 봤어?

2 Are you _____ to John's party? : 내가 참석하는 John 파티에 너도 갈 거야?

3 I'm _____ to see you next weekend. : 다음 주말에 너 보러 갈 거야.

4 I will _____ there by three-thirty. : 3시30분까지 거기 갈게.

5 I _____ to work by bus today. : 오늘 버스를 타고 직장에 갔어.

1 been **2** coming **3** coming **4** be **5** went

006강 '도착하다'에는 무슨 단어를 쓸까?
(get / arrive / reach)

- **GET** : 가장 구어적이고 회화적인 표현이며 뒤에 명사가 올 때는 '**to**'를 함께 사용한다. (도착하다.)

  예 **get to** + 크기와 상관없는 모든 장소 (명사)
  예 **get** + 크기와 상관없는 모든 장소 (부사)

- **ARRIVE** : 목적지 자체에 초점을 두며 대중교통 등 공식적인 도착을 알릴 때 표현된다. 장소의 크기나 방문 시간에 따라 뒤에 '**at**'나 '**in**'을 함께 사용한다. (~에 도착하다.)

  예 **arrive at** + 지정 건물, 지정 장소, 경유, 단순한 도달 장소
  예 **arrive in** + 도시, 국가, 장기적인 체류

- **REACH** : 주로 어려움이나 오랜 과정을 거쳐 도달한다는 비유적 의미가 강하며 뒤에 함께 사용하는 단어 없이 바로 장소가 나온다. (도달하다, 닿다.)

  예 **REACH** + 장소

- **GET TO** + 크기와 상관없는 모든 장소 (명사)

  Can you tell me how to get to City hall? (저에게 시청까지 가는 방법을 알려주시겠어요?)

  I don't know how to get to the airport. (저는 공항에 가는 방법을 몰라요.)

  Go straight until you get to the church. (교회에 도착할 때까지 직진하세요.)

I want to know when he will get to Seoul. (저는 그가 언제 서울에 도착 할지 알고 싶어요.)

I will write to you as soon as I get to Italy. (제가 이탈리아에 도착하는 대로 편지를 쓸게요.)

- **GET** + 크기와 상관없는 모든 장소 (부사)

    What time did you get home? (너 몇 시에 집에 왔니?)

    How can I get there? (제가 거기에 어떻게 가나요?)

    We're trying to get downtown. (우리는 다운타운에 가려고 하는 중이에요.)

- **ARRIVE AT** + 지정 건물, 지정 장소, 경유, 단순한 도달 장소

    You should arrive at school before 9:30. (너는 9시 30분까지 학교에 등교해야 해.)

    We arrived at the airport two hours ago. (우리는 2시간 전에 공항에 도착했어요.)

    When did you arrive at home? (너 몇 시에 집에 도착했어?)

    You should arrive at work on time. (저는 회사에 정각에 출근해야 해.)

    He arrived at my birthday party first. (그는 내 생일파티에 제일 먼저 도착했어.)

- **ARRIVE IN** + 도시, 국가, 장기적인 체류

    What time does the train arrive in Busan? (기차가 부산에 몇 시에 도착하나요?)

    Please contact me as soon as you arrive in Seattle. (당신이 시애틀에 도착하자마자 나에게 연락하세요.)

    I'm scheduled to arrive in Boston at 2. (나는 보스톤에 2시에 도착할 예정이야.)

    What time will we arrive in Australia? (우리가 몇 시에 오스트레일리아에 도착할까요?)

    A few hours later, we will arrive in Korea. (몇 시간 후에 우리는 한국에 도착할 거야.)

- **REACH** + 장소, 위치, 목적

    I hope this letter reaches you. (이 편지가 당신에게 도착하기를 바래요.)

    I couldn't reach the pedals on his bike. (난 그의 자전거의 페달에 발이 안 닿아.)

    We reached the summit at night. (우리는 밤에 정상에 도착했어.)

    I've reached my limit. (나는 내 한계에 닿았어.)

    We finally reached a decision. (우리는 마침내 결정을 했어.)

복습하기

❶ I've _____ my limit. : 나는 내 한계에 닿았어.

❷ A few hours later, we will _____ __ Korea. : 몇 시간 후에 우리는 한국에 도착할 거야.

❸ I want to know when he will _____ __ Seoul. : 저는 그가 언제 서울에 도착 할지 알고 싶어요.

❹ How can I ____ there? : 제가 거기에 어떻게 가나요?

❺ You should _____ __ work on time. : 저는 회사에 정각에 출근해야 해.

❶ reached ❷ arrive in ❸ get to ❹ get ❺ arrive at

007강 '~하고 싶어'에는 무슨 단어를 쓸까?
(like / want / prefer / would like)

- **WANT 와 LIKE**

    예 want (to) : (아직 하지 않은 것) ~을 원하다. 하고 싶다.
    예 like (to / ~ing) : (이미 하고 있는 것) ~하는 것을 좋아하다.

    주의 LIKE는 특히 뒤에 특정한 상황이나 제한적인 장소에 있어서의 선택 상황이라는 의미가 강함.

    = I like to swim in summer : 특히 여름에 수영하는 거 좋아해

- **PREFER 과 LIKE**

    예 prefer : (비교 대상이 있을 때) ~을 더 좋아하다. (= like more)

    주의 서로 비교 대상이 있을 때 like는 'more than' / prefer은 'to'를 사용한다.

    = I prefer A to B = I like A more than B : 나는 B 보다 A를 더 좋아해

- **WOULD LIKE 와 LIKE**

    예 would like : (아직 하지 않은) ~을 하고 싶다. = 주로 want 에 더 가깝다.

    주의 to 가 나오지 않으면 명사, to 가 나오면 다음에 동사를 사용한다.

    = I would like Juice. : 나는 쥬스를 원해.
    = I would like to stay more. : 나는 더 머물고 싶어.

- **WANT 와 LIKE 의 차이**

    I want to swim. (수영 하고 싶어.)

    I like to swim in summer. (여름에는 수영하는 거 좋아해.)

    I like swimming in summer. (여름에는 수영하는 거 좋아해.)

I want to shop. (쇼핑하고 싶어.)

I like to shop online since I am very busy. (너무 바빠서 온라인으로 쇼핑하는 거 좋아해.)

I like shopping online, since I am very busy. (너무 바빠서 온라인으로 쇼핑하는 거 좋아해.)

- **PREFER과 LIKE의 차이**

    I prefer music. (음악을 더 좋아해.)

    = I like music more. (음악을 더 좋아해.)

    I prefer music to sports. (스포츠보다 음악을 더 좋아해.)

    = I like music more than sports. (스포츠보다 음악을 더 좋아해.)

- **WOULD LIKE**

    I would like a simple one. (단순한 게 좋아.)

    I would like a double room. (더블룸을 예약하고 싶어요.)

    I would like to apologize. (사과하고 싶어요.)

    I would like to stay more. (더 머물고 싶어요.)

    I would like to book a room (방을 예약하고 싶어요.)

복습하기

1. I like _____ in summer. : 여름에는 수영하는 거 좋아해.

2. I like _____ _____ online since I am very busy. : 너무 바빠서 온라인으로 쇼핑하는 거 좋아해.

3. I _____ music. : 음악을 더 좋아해.

4. I ____ music more : 음악을 더 좋아해.

5. I _____ _____ a simple one. : 단순한 게 좋아.

1 swimming 2 to shop 3 prefer 4 like 5 would like

'알다'에는 무슨 단어를 쓸까?
(know / be aware of / be familiar with / find out / figure out / realize / understand / notice / recognize)

- **KNOW** : (사실이나 정보를) 이미 알고 있다.
- **BE AWARE OF** : 어떤 것에 대한 존재 여부를 인지하다.
- **BE FAMILIAR WITH** : 매우 잘 알아서 익숙하다.
- **FIND OUT** : 이미 있는 기정사실을 몰랐다가 막 알게 되다. 알아내다.
- **FIGURE OUT** : 어떤 것을 생각하는 과정을 거쳐 알아내다, 계산하다. (깨닫다.)
- **REALIZE** : (생각을 통해) 드디어 몰랐던 새로운 사실을 깨닫다, 알아차리다.
- **UNDERSTAND** : (정신적인 사고나 공부를 통해) 몰랐던 내용을 이해하다.
- **NOTICE** : (특이점이나 변화를 시각적으로) 캐치하다, 눈치채다.
- **RECOGNIZE** : (알고 있던 사람이나 사물을) 알아보다, 식별하다.

- **KNOW**

    I know her number. (나는 그녀 전화번호를 (이미) 알아.)

    I know him. (나는 그를 (이미) 알아.)

- **BE AWARE OF**

    They are aware of the rules. (그들은 그 규칙이 있다는 것을 인지하고 있어.)

We are aware of the dangers. (우리는 위험이 있다는 것을 인지하고 있어.)

- **BE FAMILIAR WITH**

    I am not familiar with this issue. (나는 그 논쟁에 대해 처음 듣는데.)

    They are familiar with that melody. (그들은 그 멜로디에 굉장히 익숙해.)

- **FIND OUT**

    I found out about that just last night. (어젯밤 그거에 대해 알게 됐어.)

    I'll find out and get back to you. (알아보고 연락드릴게요).

- **FIGURE OUT**

    I have to figure out what I'm gonna do. (내가 뭘 해야 할지 알아내야 해.)

    Figure out how much it will cost. (비용이 얼마일지 알아내 봐.)

- **REALIZE**

    She realized her mistake. (그녀는 드디어 그녀의 실수를 알아차렸어.)

    I didn't realize it. (미처 생각지 못했어. / 깨닫지 못했어.)

- **UNDERSTAND**

    Do you understand the instructions? (설명서 이해되세요?)

    I don't understand what it means. (무슨 뜻인지 이해 안 돼.)

- **NOTICE**

    Did you notice? (눈치 챘어?)

    I suddenly noticed that she was wearing my jacket. (그녀가 내 자켓 입은 거 캐치했어.)

    참고 notice 알리다(x) / notify 알리다(o)

- **RECOGNIZE**

    They recognize me. (그들이 나를 알아보던데.)

    I couldn't recognize her. (그녀를 알아 볼 수가 없었어.)

복습하기

1 I _____ her number. : 나는 그녀 전화번호를 :이미 알아.

2 They are _____ __ the rules. : 그들은 그 규칙이 있다는 것을 인지하고 있어.

3 I _____ __ about that just last night. : 어젯밤 그거에 대해 알게 됐어.

4 I have to _____ __ what I'm gonna do. : 내가 뭘 해야 할지 알아내야 해.

5 She ____ her mistake. : 그녀는 드디어 그녀의 실수를 알아차렸어.

1 know **2** aware of **3** found out **4** figure out **5** realized

009강 '배우다'에는 무슨 단어를 쓸까?
(study / learn)

- **STUDY** : 1. 학문이나 외국어 등을 체계적으로 공부하다.
  2. 읽고, 보고, 풀고, 암기하는 등 모든 행위를 말한다.
  3. 학습하다, 공부하다, 연구하다.
  주의 공부하는 과정에 중점을 둔다.
- **LEARN** : 1. 지식이나 기술 등을 습득하다.
  2. 경험이나 연습, 가르침 등을 통해 배우다.
  3. 배우다, 얻다, 익히다.
  주의 얻어지는 결과에 중점을 둔다.

• STUDY

I am studying very hard. (나는 매우 열심히 공부하고 있어.)

I studied hard to get A+. (나는 A+를 받기 위해 매우 열심히 공부했어.)

I study English at the library. (나는 도서관에서 영어를 공부해.)

I'm studying hard to be a doctor. (나는 의사가 되기 위해서 열심히 공부하고 있어.)

He studied computer science in college. (그는 대학에서 컴퓨터 공학을 공부했어.)

Why do you want to study abroad? (당신은 왜 해외에서 공부하고 싶나요?)

How many hours did you study yesterday? (당신은 어제 몇 시간을 공부했나요?)

She spent an hour every night studying her new vocabulary words. (그녀는 매일 밤 1시간씩 새 단어를 공부하는데에 보냈어.)

• LEARN

I learned nothing in this class. (나는 이번 교시에 아무것도 배우지 않았어.)

I learned a lot about you these days. (나는 요즘 너에 대해 많이 배웠어.)

I learned English from my teacher. (나는 내 선생님으로부터 영어를 배웠어.)

He learned about computers by reading a book. (그는 책을 읽으며 컴퓨터에 대해 배웠어.)

You can learn from your mistakes. (너는 너의 실수에서 배울 수 있어.)

My sister is learning how to drive. (내 여동생은 어떻게 운전하는지 배우고 있는 중이야.)

Do you want to learn it from me? (너는 그거 나에게서 배우고 싶어?)

She learned how to do her job very quickly. (그녀는 그녀의 일을 굉장히 빨리 배웠어.)

복습하기

❶ I _____ hard to get A+. : 나는 A+를 받기 위해 매우 열심히 공부했어.

❷ I _____ nothing in this class. : 나는 이번 교시에 아무것도 배우지 않았어.

❸ He _____ about computers by reading a book. : 그는 책을 읽으며 컴퓨터에 대해 배웠어.

❹ You can _____ from your mistakes. : 너는 너의 실수에서 배울 수 있어.

❺ Do you want to _____ it from me? : 너는 그거 나에게서 배우고 싶어?

❶ studied ❷ learned ❸ learned ❹ learn ❺ learn

010강 '사다'에는 무슨 단어를 쓸까?
(get / buy / purchase / afford)

- **GET** : 회화체에서 주로 쓰이며 일상생활에 필요한 대상(음식, 의류, 물품)을 구입하다.

- **BUY** : 개인 소량의 소비 형태를 주로 표현한다. 실체 있는 대상이나 추상적인 대상을 돈을 주고 사다.

- **PURCHASE** : (격식) 도·소매 관련한 대량의 소비 형태를 의미한다. 규모가 큰 값나가는 대상이나 특히 계약 관련한 대상을 구매하다.

- **AFFORD** : ~할 금전적 / 시간적 여유가 되다.

- **BUY**

    buy something (something을 사다.)

    = I've just bought a new car. (나 방금 막 차를 샀어.)

    buy something for price (price(얼마) 를 주고 something 을 사다.)

    = I bought the computer for $1,000. (나 1000달러를 주고 컴퓨터를 샀어.)

    buy something for someone (someone 을 위해서 something 을 사다.)

    = I bought the computer for my parents. (나는 내 부모님을 위한 컴퓨터를 샀어.)

    buy somebody something (somebody 에게 something 을 사주다.)

    = My father bought me a computer. (아버지는 내게 컴퓨터를 사주셨어.)

- **PURCHASE** (계약의 의미가 강하다.)

    You can purchase insurance online. (당신은 온라인으로 보험을 살 수 있습니다.) : 계약

    A purchase receipt (구매 영수증) : 계약

    If you want a refund, you need a purchase receipt. (만약 당신이 환불을 원한다면, 당신은 구매 영수증이 필요해.) : 계약

- **AFFORD**

    Can you afford a new car? (너는 차를 (금전적으로) 살 여유 있어?)

    I can't afford to buy a new car. (나는 새 차를 살 여유가 없어.)

    I can't afford living in Seoul. (나는 서울에서 살 여유가 없어.)

    He couldn't afford the trip. (그는 그 여행을 (금전적으로) 감당할 수 없어.)

복습하기

❶ I've just _____ a new car. : 나 방금 막 차를 샀어.

❷ I _____ the computer for my parents. : 나는 내 부모님을 위한 컴퓨터를 샀어.

❸ My father _____ me a computer. : 아버지는 내게 컴퓨터를 사주셨어.

❹ You can _____ insurance online. : 당신은 온라인으로 보험을 살 수 있습니다.

❺ I can't _____ living in Seoul. : 나는 서울에서 살 여유가 없어.

❶ bought ❷ bought ❸ bought ❹ purchase ❺ afford

011강 '지불하다'에는 무슨 단어를 쓸까?
(pay / spend / cost / charge)

- **PAY** (FOR) : 사람이 ~을 사면서 지불하다.
- **SPEND** (ON) : 사람이 ~을 사면서 소비하다.
- **COST** : (사물이 주어) 물건의 가격이다. ~ 댓가를 치르다.
- **CHARGE** : 사람이나 사물이 서비스나 사용료에 대해 부과하다.

- **PAY**

    pay an amount. ((얼마를) 지불하다.)

    = I paid $20. (나는 20달러를 지불했어.)

    pay for something. (Something을 위해 지불하다.)

    = I paid for the tickets. (나는 티켓을 위해 지불했어.)

    pay an amount for something. (Something을 위해 (얼마를) 지불하다.)

    = I paid $20 for the tickets. (나는 티켓을 위해 20달러를 지불했어.)

    pay someone an amount. (Someone에게 (얼마를) 지불하다.)

    = I paid him $20. (나는 그에게 20달러는 지불했어.)

    pay someone for something. (Something을 위해서 Someone에게 지불하다.)

    = I paid him for the tickets. (나는 그에게 티켓을 위해 지불했어.).

- **SPEND**

    spend an amount ((얼마를) 지불하다.)

    = I spent $20. (나는 20달러를 지불했어.)

    spend an amount on something (Something에 (얼마를) 지불하다.)

    = I spent $20 on the book. (나는 책에 20달러를 썼어.)

    = I spent much on clothes. (나는 옷에 더 많은 돈을 썼어.)

    = I spent $20 on the tickets (나는 티켓에 20달러를 썼어.)

- **COST**

    cost an amount ((얼마가) 들다.)

    = The book costs $20. (이 책은 20달러가 들어.)

    cost someone an amount (Someone에게 (얼마가) 들다.)

    = The ticket cost me $20. (이 티켓은 20달러 들었어.)

    cost someone a thing (a thing(무언가)가 someone에게 들었다.)

    = That cost him his life. (그것은 그의 인생을 댓가로 치루게 하였다.)

    = Overwork cost him his health. (과로는 그의 건강을 댓가로 치루게 하였다.)

- **CHARGE**

    charge an amount ((얼마를) 부과하다.)

    = The bank charged a fee. (은행은 요금을 부과했어.)

    charge an amount for service. (Service에 / 를 위해 (얼마를) 부과하다)

    = They charged $5 for the late return. (그들은 늦은 반납에 5달러를 부과했어.)

    charge someone an amount (Someone에게 ((얼마를) 부과했어.)

    = They charged me $5. (그들은 내게 5달러를 부과했어.)

charge someone an amount for service (service를 위해 / 때문에 someone에게 (얼마를) 부과하다)

= They charged me $5 for the late return. (그들은 늦은 반납으로 내게 5달러를 부과했어.)

복습하기

1 I _____ $20 on the book. : 나는 책에 20달러를 썼어.

2 The book _____ $20. : 이 책은 20달러가 들어.

3 That _____ him his life. : 그것은 그의 인생을 댓가로 치루게 하였다.

4 They _____ $5 for the late return. : 그들은 늦은 반납에 5달러를 부과했어.

5 They _____ me $5 for the late return. : 그들은 늦은 반납으로 내게 5달러를 부과했어.

1 spent **2** costs **3** cost **4** charged **5** charged

012강 '옮기다'에는 무슨 단어를 쓸까?
(move / carry / convey)

- **MOVE** : 이동하다, 이사하다, 옮기다, 감동시키다.

- **CARRY** : 이동 중에 지니고 다니다, 휴대하다, 나르다, 운반하다.
  (= have에 좀 더 가깝다.)

- **CONVEY** : 사물, 의견이나 생각을 실어 나르다, 전달하다, 전하다.
  한 장소에서 다른 장소로 이동시키다.

- **MOVE**

  Can you move this TV? (저 TV를 이동시켜줄래?)

  I'll move out next week. (나는 다음 주에 이사 갈 거야.)

  The story really moved me. (그 이야기는 나를 정말 감동시켰어.)

- **CARRY**

  Can you carry this suitcase? (너 이 캐리어를 나를 수 있어?)

  I always carry a lot of cash. (나는 항상 많은 현금을 가지고 다녀.)

  You have to carry ID at all times. (너는 항상 신분증을 휴대해야 해.)

  This car is licensed to carry 9 persons. (이 차는 9명의 사람을 운반하도록 허가되어 있어.)

- **CONVEY**

    Buses convey passengers. (버스는 손님들을 실어 나른다.)

    Please convey this message to your friend. (이 메시지를 당신의 친구에게 전해주세요.)

    I can't convey my feelings in words. (감정을 말로 전할 수가 없어.)

복습하기

❶ Can you _____ this TV? : 저 티비를 이동시켜줄래?

❷ I'll _____ ___ next week. : 나는 다음 주에 이사 갈 거야.

❸ The story really _____ me. : 그 이야기는 나를 정말 감동시켰어.

❹ Please _____ this message to your friend. : 이 메시지를 당신의 친구에게 전해주세요.

❺ I always _____ a lot of cash. : 나는 항상 많은 현금을 가지고 다녀.

❶ move ❷ move out ❸ moved ❹ convey ❺ carry

013강 '제안하다'에는 무슨 단어를 쓸까?
(suggest / recommend / propose / offer)

- **SUGGEST** : 자기 의견이나 생각(idea)을 상대에게 하라고 제안하다. 권하다.

  주의 should의 의미를 포함하지만 명령형보다는 약하다 / 상대방이 싫어할 수도, 거절할 수도 있다.

- **RECOMMEND** : (recommend + something) : 내용이 너무 좋아 그 대상을 추천하다.

- **PROPOSE** : 앞으로의 구체적인 계획이나 의견을 내다.

- **OFFER** : (OFFERED + TO) : ~할 행동을 제안하다. 제공하다.

  주의 말하는 사람이 어느 정도 제공할 능력이 있어 상대방에게 제안하다.

- **SUGGEST** (행동하기를 제안하다.)

  The doctor suggests eating more vegetables. (의사는 야채를 먹기를 권해.)

  My friend suggested going on a trip this weekend. (내 친구는 이번 주말에 여행을 가는 것을 제안했어.)

  I suggest you do your homework. (나는 너가 네 숙제를 하기를 권해.)

  I suggest we go out today. (나는 우리가 오늘 놀러 나가길 제안해.)

- **RECOMMEND** (대상을 추천하다.)

    May I recommend a white wine? (제가 화이트 와인을 추천할까요?)

    Can you recommend a good restaurant? (좋은 레스토랑을 추천해주실래요?)

    I highly recommend him to your company. (나는 그를 당신의 회사에 강력히 추천해.)

- **PROPOSE**

    I'd like to propose a toast to the bride and groom. (제가 신랑 신부를 위해 건배를 제안하고 싶습니다.)

    I'd like to propose a simple solution. (나는 간단한 해결책을 제안하고 싶습니다.)

    I propose him for Chairman. (나는 그를 의장으로 추천해.)

- **OFFER**

    I offered her my seat. (나는 그녀에게 내 자리를 제안했습니다.)

    They offered to help her. (그들은 그녀를 돕기를 제안했습니다.)

    He offered to take us across the river. (그는 우리를 강 너머로 데려다주겠다고 제안했습니다.)

복습하기

❶ The doctor _____ eating more vegetables. : 의사는 야채를 먹기를 권한다.

❷ I highly _____ him to your company. : 나는 그를 당신의 회사에 강력히 추천합니다.

❸ I'd like to _____ a simple solution. : 나는 간단한 해결책을 제안하고 싶습니다.

❹ They _____ to help her. : 그들은 그녀를 돕기를 제안했습니다.

❺ Can you _____ a good restaurant? : 좋은 레스토랑을 추천해주실 수 있어요?

❶ suggests ❷ recommend ❸ propose ❹ offered ❺ recommend

014강 '~하게 하다' 에는 무슨 단어를 쓸까?
(let / allow / permit)

- **LET** : ~하게 하다. / ~시키다. / 수동태로 쓰지 않는다. 상대방이 허락하든 안하든 상관없다.

   let + (사람 / 사물) + 동사원형

  1. Let me + 동사원형 : ~할 게요
  2. Let you + 동사원형 : ~해 드릴게요
  3. Let us + 동사원형 : ~ 하자

- **ALLOW** : 허락하다, 용납하다.

  주의 좀 더 공식적인 표현으로 상대방 허락을 의미하며 상대방의 허락을 구해야 한다. 주로 수동형으로 많이 사용한다.

  = allow + (사람 / 사물) + to + 동사원형

- **PERMIT** : 허가하다.

  주의 **ALLOW** 보다 더 격식적이고 공식적인 표현에서 사용하며 주로 허용하는 주체는 기관이나 국가인 경우가 많다.

- **LET**

LET ME: ~할게요

Let me get you a drink. (내가 술 살게요. = 내가 술을 사게 해줘.)

Let me tell you something = I'll tell you something. (내가 말해줄게요.)

Let me show you something = I'll show you something. (내가 보여줄게.)

Let me explain it to you. (내가 이걸 너에게 설명하게 해줘.)

Let me think about it. = I'll think about it. (내가 생각해보게 해줘. = 생각해볼게.)

Let me do this. (내가 할게.)

Let me text him. (내가 그에게 문자할게.)

Let me drive. (내가 운전할게.)

Let me see. (내가 볼게.)

Let me in. (날 들여보내줘.)

LET ME KNOW / LET YOU KNOW : ~알려줘, 알려줄게

Please, let me know the time of your arrival. (네 도착시간 좀 알려줘.)

Can you let me know about your plan? (네 계획에 대해서 알려줄래?)

I'll let you know my schedule. (내가 내 스케줄 알려줄게.)

I'll let you know all about it. (내가 그것에 대해서 전부 알려줄게.)

LET'S: ~하자

Let's go. (가자.)

Let's do it. (그거 하자.)

• ALLOW

They don't allow their children to go to the pub. (그들은 그의 아이들이 펍에 가는 것을 허락하지 않아.)

Their children are not allowed to go to the pub. (그들의 아이들은 펍에 가는 것이 허락되지 않아.)

I'm not allowed to smoke in this building. (나는 이 빌딩에서 담배피는 것이 허락되지 않아.)

The children are not allowed to watch. (아이들은 보는 것이 허락되지 않아.)

• PERMIT

A work permit (노동허가 : 국가에서 인정하는)

They permitted me to use a laundry machine for one hour. (그들은 내가 한 시간동안 세탁기를 사용하도록 허락했어.)

Teenagers are not permitted to drink alcohol. (청소년들은 알콜을 마실 수 있도록 허락되지 않아.)

복습하기

1 Their children are not _____ ___ go to the pub. : 그들의 아이들은 펍에 가는 것이 허락되지 않는다.

2 _____ me explain it to you. : 내가 이걸 너에게 설명하게 해줘.

3 Teenagers are not _____ ___ drink alcohol. : 청소년들은 알콜을 마실 수 있도록 허락되지 않는다.

4 The children are not _____ ___ watch : 아이들은 보는 것이 허락되지 않는다.

5 I'll _____ ___ know my schedule. : 내가 내 스케쥴 알려줄게.

1 allowed to **2** Let **3** permitted to **4** allowed to **5** let you

015강 '~인 거 같아'에는 무슨 단어를 쓸까?
(I think / I am afraid)

- **I THINK** : 단순한 추측으로만 끝날 때 쓰는 완곡한 표현 (~인 거 같아)
- **I AM AFRAID** : 실망스럽거나 부정적인 상황이 상대방에게 영향을 끼치는 상황에 대해 나의 의견을 표현 (~하는 거 같아 유감이야)

주의 of 다음에 단순한 명사가 올 때는 '~무서워' 로 주로 해석한다.

- **I think**

  I think you have the wrong number. (내 생각에 넌 잘못된 번호를 가지고 있는 거 같아.)

  I think he is happy. (그는 행복한 것 같아.)

  I think you are very busy. (너는 매우 바쁜 것 같아.)

  I think I'd better go now. (나는 가는 게 좋을 것 같아.)

  I think you should go to the doctor. (너는 의사를 봐야 할 거 같아.)

  I think I have to go to bed. (나는 자러 가야 할 거 같아.)

- **I'm afraid**

  I'm afraid you have the wrong number. (너가 잘못된 번호를 가지고 있는 거 같아 유감이야.)

  I'm afraid I can't. (나는 할 수 없을 것 같아 유감이야.)

  I'm afraid I can't help you. (나는 널 돕지 못할 거 같아 유감이야.)

  I'm afraid I don't have time. (내가 시간이 없는 거 같아 유감이야.)

I'm afraid I don't agree with you. (나는 너와 동의하지 않는 거 같아 유감이야.)

I'm afraid she will not come. (그녀가 오지 않을 거 같아 유감이야.)

I'm afraid I have to leave. (내가 떠나야 하는 거 같아 유감이야.)

I'm afraid I couldn't find it. (내가 그걸 찾을 수 없을 거 같아 유감이야.)

- **I'm afraid of**

    I'm afraid of dogs. (나는 개들이 무서워.)

    I'm afraid of darkness. (나는 어둠이 무서워.)

    I'm afraid of water. (나는 물이 무서워.)

    I'm afraid of dying. (나는 죽는 게 무서워.)

    I'm afraid of catching a cold. (나는 감기에 걸리는 게 무서워.)

복습하기

❶ ___ _____ he is happy. : 그는 행복한 것 같아.

❷ ___ _____ __ catching a cold. : 나는 감기에 걸리는 게 무서워.

❸ ___ _____ I have to leave. : 내가 떠나야 하는 거 같아 유감이야.

❹ ___ _____ I'd better go now. : 나는 가는 게 좋을 것 같아.

❺ ___ _____ __ water. : 나는 물이 무서워.

❶ I think ❷ I'm afraid of ❸ I'm afraid ❹ I think ❺ I'm afraid of

016강 '생각하다'에는 무슨 단어를 쓸까?
(think / suppose / guess / imagine)

- **THINK** :
  1. 직접 겪거나 이미 일어난 일에 확신을 가지고 추측하다.
  2. 인상을 받다.
  3. 시시비비를 따져보다. 원인방법을 찾는다.

- **SUPPOSE** :
  1. 알고 있는 정보나 사실에 기반해서 가정하다, 상상하다.
  2. 현재 사실에 반대 상황을 가정해서 말할 때도 쓰인다.

- **GUESS** : 사실에 기반한 정보 없이 확실하지는 않지만 대략 짐작하다.

- **IMAGINE** : 일어날 수 없는 일이나 눈앞에 없는 모습이나 상을 마음에 그리다, 떠올리다.

- **추측이 확실한 순서** : think > suppose > guess > imagine>

  = I think he is in the hospital. (내 생각에 그는 병원에 있는 것 같아. = 가장 확실한 추측)

  = I suppose he is in the hospital. (내 생각에 그는 병원에 있을지도 몰라. = 그가 아파보이거나 병원에 간다고 하는 알고 있는 정보나 사실에 기반 해서 추측.)

  = I guess he is in the hospital. (확실하지는 않은데 그는 병원에 있을 것 같아. = 단순한 짐작)

  = I imagine he is in the hospital. (나는 그가 병원에 있을 거를 상상해 = 확실성이나 개연성은 없음)

• THINK

What do you think of Korea? (당신은 한국에 대해서 어떻게 생각하나요?)
I think I missed the point. (내 생각에 나는 요점을 놓친 것 같아요.)
I think we've met before. (제 생각에 우리 전에 만난 것 같은데요.)

• SUPPOSE

Let's suppose it's true, then what will you do? (그게 사실이라고 친다면, 그럼 당신은 무엇을 하실 겁니까?)
Let's suppose you are my teacher. (당신이 내 선생님이라고 쳐요.)

• GUESS

Guess who I've just seen! (내가 방금 누굴 봤는지 맞춰봐!)
Guess who I am? (내가 누구게?)
Guess what I have in my pocket! (내 주머니에 뭐가 들었는지 맞춰봐!)

• IMAGINE

Just imagine one day in 2050. (2050년의 하루를 상상해봐.)
Nobody can imagine our team without John. (누구도 존이 없는 우리 팀을 상상할 수 없다.)

복습하기

1 I _____ I missed the point. : 내 생각에 나는 요점을 놓친 것 같아요.

2 Let's _____ it's true, then what will you do? : 그게 사실이라고 친다면, 그럼 당신은 무엇을 하실 겁니까?

3 Just _____ one day in 2050. : 2050년의 하루를 상상해봐.

4 _____ what I have in my pocket! : 내 주머니에 뭐가 들었는지 맞춰봐!

5 I _____ we've met before. : 제 생각에 우리 전에 만난 것 같은데요.

1 think **2** suppose **3** imagine **4** Guess **5** think

017강 '생각나다'에는 무슨 단어를 쓸까?
(think of / remember / memorize)

- **THINK OF** : 예전 일이나 연상되는 단어나 일이 순간 생각나다, 떠오르다.
- **REMEMBER** : 예전에 있었던 사실이나 해야 할 일을 기억해내다, 기억하다.

  주의 remember to : ~할 것을 기억하다. / remember ~ing : ~한 것을 기억하다.

- **MOMORIZE** : 학습적인 부분이나 배운 것을 외우다, 암기하다.

• THINK OF

Think of any number. (아무 숫자나 떠올려봐.)

I can't think of a better person for the job. (이 직업에 그 사람보다 더 나은 사람은 없을 거예요.)

Think of me as your brother. (나를 네 오빠라고 생각해.)

I didn't think of that. (나는 그것을 생각하지 않았어.)

• REMEMBER

Do you remember my name? (내 이름을 기억하나요?)

I can't remember the name of the best restaurant. (나는 최고의 레스토랑의 이름이 기억나지 않아.)

I can't remember the word. (나 그 단어 기억 못하겠어.)

Remember me once in a while. (가끔 날 기억해줘.)

I can't remember the place to park my car. (나는 내 차를 주차해둔 곳이 생각나지 않아.)

• REMEMBER (TO / ~ING)

I remember to send the letter. (편지 보내야 하는 거 기억하고 있어.)

I remember sending the letter. (편지를 보낸 기억이 나.)

He did not remember to pick up his laundry. (그는 세탁물을 가지고 올 것을 기억하지 못했어.)

He did not remember picking up his laundry. (그는 세탁물을 가져온 것을 기억하지 못했어.)

• MEMORIZE

I can't memorize the word. (나 그 단어를 외우지 못해.)

It's easy to memorize a poem. (시를 외우는 것은 쉬워.)

How can I memorize the melody? (내가 그 멜로디를 어떻게 외워?)

Please memorize this PIN code now. (비밀번호를 지금 외워주세요.)

복습하기

1 I can't _____ the word. : 나 그 단어를 외우지 못해.

2 _____ any number. : 아무 숫자나 떠올려봐.

3 I _____ to send the letter. : 편지 보내야 하는 거 기억하고 있어.

4 Please _____ this PIN code now. : 비밀번호를 지금 외워주세요.

5 He did not _____ picking up his laundry. : 그는 세탁물을 가져온 것을 기억하지 못했어.

1 memorize **2** Think of **3** remember **4** memorize **5** remember

49

018강 '떠오르다'에는 무슨 단어를 쓸까?
(think of / occur to / come up with)

- **THINK OF** : 단순한 기억이 떠오르다.

  주의 사람이 주어이며 017강 참조.

- **OCCUR TO** : 문득 생각이 떠오르다.
  (예전 기억이나 앞일에 대한 생각 둘 다. 포함)

  주의 반드시 사물이 주어로 온다.

- **COME UP WITH** : ~에 대한 창의적 대안이나 해답을 찾아내다. 생각해내다.

  주의 반드시 사람이 주어로 온다.

- **OCCUR TO** (사물이 주어)

  It suddenly occurred to me. (문득 떠올랐는데 말이야.)

  That didn't occur to me. (미처 그 생각을 못 했네.)

  It never occurred to me before. (전에는 한 번도 그런 생각 못했어.)

  Two things occur to me. (두 가지가 나에게 떠올랐어.)

  A couple of issues occur to me. (몇 가지 문제가 떠올랐어.)

  How did it occur to you? (어떻게 그거 머리에 떠올랐어?)

  Why didn't it occur to me? (왜 그 생각을 못 했을까?)

  Did it occur to you to call her? (그녀에게 전화해야겠다는 생각이 떠올랐어?)

  It occurred to me that I had an appointment. (약속 있는 거 문득 떠올랐어.)

It occurred to me that I left my bag in my office. (사무실에 가방 놓고 온 거 문득 떠올랐어.)

• **COME UP WITH** (사람이 주어)

Can you come up with any good ideas? (무슨 좋은 생각 떠오르는 거 있어?)

He came up with a great idea. (그는 훌륭한 아이디어를 생각해냈어.)

You can come up with a great solution. (너는 훌륭한 해결책을 생각해낼 수 있어.)

I tried to come up with a new plan. (새로운 기획을 떠올리려고 해봤어.)

We have to come up with an excuse. (우리는 핑계거리를 만들어 내야 해.)

I can't come up with something else. (다른 어떤 방안이 떠오르질 않아.)

Our students always come up with something new. (우리 학생들은 언제나 새로운 것을 생각해내.)

I hope you can come up with a better idea soon. (곧 더 좋은 아이디어가 떠오르길 바래.)

I can't come up with the right words. (적절한 말이 떠오르질 않네.)

They have come up with a new way to cut the budget. (그들은 예산 줄이는 새 방법을 고안해냈어.)

복습하기

❶ He _____ _____ _____ a great idea. : 그는 훌륭한 아이디어를 생각해냈어.

❷ Our students always _____ _____ _____ something new. : 우리 학생들은 언제나 새로운 것을 생각해내.

❸ It _____ _____ _____ that I had an appointment. : 약속 있는 거 문득 떠올랐어.

❹ It never _____ _____ _____ before. : 전에는 한번도 그런 생각 못했어.

❺ I can't _____ _____ _____ the right words. : 적절한 말이 떠오르질 않네.

❶ came up with ❷ come up with ❸ occrred to me ❹ occurred to me ❺ come up with

019강 '생각나게 하다'에는 무슨 단어를 쓸까?
(remind / recall / recollect)

- **REMIND** : 누군가나 무엇이 기억의 매개체가 되어 기억하게 해주다.
  (spark a memory)

  주의 REMEMBER는 혼자 기억해 내는 의미인 반면에 REMIND는 누군가나 무엇이 기억의 매개체가 되어 기억하게 해주는 의미이다.

  = Remember to turn off the lights before you leave.
  (나가기 전에 불을 끄는 것을 잊지 마. = 불을 끌 사람은 너.)
  = Remind me to turn off the lights before you leave.
  (나가기 전에 불을 끄라고 나에게 알려줘.= 불을 끄는 사람은 나.)

- **RECALL**(RE+CALL) : 한번 불현 듯 회상하다. 기억을 남들과 공유하다.

- **RECOLLECT**(RE+COLLECT) : (애써 / 여러 번) 기억해 내다. 생각나게 하다.
  좀 더 formal 한 표현.

- **REMIND**

  주의 remind + somebody + to ~ : somebody에게 ~하는 것을 상기시키다.

  Remind me to call him before I go out. (나 나가기 전에 그에게 전화해야하는 거 알려줘.)

  주의 remind + somebody + that S V : somebody에게 ~하는 것을 상기시키다.

  Remind him that I'll come tomorrow. (내일 방문하겠다고 일러줘.)

  주의 remind + somebody + of + something : somebody에게 something을 상기시키다 / 생각나게 하다.

  You remind me of your mother. (너는 너의 어머니가 생각나.)

- **RECALL : RE + CALL** (remember)

    I recall going to the beach as a child. (나는 아이로 바닷가에 가던 것을 회상해.)

    At his lecture, the teacher recalled some of his best moments to his students. (그의 강의에서, 선생님은 그의 최고의 순간들을 그의 학생들에게 공유했어.)

- **RECOLLECT : RE + COLLECT** (여러 번 떠올리다.)

    I can't recollect you. (나는 네가 도저히 떠오르질 않아.)

    I can't recollect what he said. (나는 그가 말한 게 도저히 떠오르질 않아.)

    I recollect hearing his speech. (그 연설 들어 본 기억이 겨우 난다.)

    I recollected that I had left them at work. (난 내가 그들을 직장에 두고 왔다는 걸 겨우 떠올렸어.)

    She could no longer recollect the details of the letter. (그녀는 이제 그 편지의 자세한 내용이 도저히 생각나지 않았다.)

복습하기

❶ _____ me to call him before I go out. : 나 나가기 전에 그에게 전화해야하는 거 알려줘.

❷ I _____ going to the beach as a child. : 나는 아이로 바닷가에 가던 것을 회상한다.

❸ I can't _____ what he said. : 나는 그가 말한 게 도저히 떠오르질 않아.

❹ You _____ _____ _____ your mother. : 너는 너의 어머니가 생각나.

❺ I _____ that I had left them at work. : 난 내가 그들을 직장에 두고 왔다는 걸 겨우 떠올렸어.

❶ Remind ❷ recall ❸ recollect ❹ remind me of ❺ recollected

020강 '곰곰이 생각하다'에는 무슨 단어를 쓸까?
(think about / think over / consider)

- **THINK ABOUT** : 일반적인 대상이 오면 단순히 '~에 대해 생각하다.'라는 의미이고, 어떤 행동에 대해 쓰이면 '~ 할까 생각해 보다.' 라는 의미이다. (생각하는 그 자체의 의미)

- **THINK OVER** : 곰곰이 생각하다, (결정을 내리기 전에) 심사숙고하다.

- **CONSIDER** : (진지하게) 생각하다, 고려하다, 간주하다. (자신의 주관적 견해가 강하며 어떠한 결정을 염두에 둔 생각)

• THINK ABOUT

I don't have time to think about it. (그거에 대해 생각해 볼 시간이 없어.)

Don't you ever think about others? (다른 사람에 대해서는 전혀 생각 안 해? = 배려 안 해?)

I am thinking about quitting smoking. (금연이나 할까 생각중이야. = 안 할 수도 있음.)

I am thinking about buying a car. (차나 살까 생각중이야. = 안 살 수도 있음.)

I am thinking about taking a trip to Europe. (유럽으로 여행이나 갈까 생각중이야. = 안 갈 수도 있음.)

• THINK OVER

I'll think it over. (그거 곰곰이 생각해 볼래.)

Think over what I said. (내가 말한 거 한번 곰곰이 생각해 봐.)

Take your time to think over my offer. (내 제안 곰곰이 시간을 두고 생각해 봐.)

Let me think over the matter before tomorrow. (내일까지 그 문제 곰곰이 생각 좀 해 볼게.)

I don't have time to think over his proposal. (그의 제안 곰곰이 생각해 볼 시간이 없어.)

- **CONSIDER**

    I considered him a friend. (나는 그를 진지하게 친구로 생각했어. = 간주했어.)

    I never considered it a business. (나는 그걸 진지하게 사업이라고 생각해 본적 없어.)

    I am considering quitting smoking. (금연을 진지하게 고려하고 있어. = 금연을 하려는 강한 의지)

    I am considering buying a car. (자동차 구입을 진지하게 고려하고 있어. = 사려는 강한 의지)

    I am considering taking a trip to Europe. (유럽 여행을 진지하게 고려하고 있어. = 계획까지 다 짠 강한 의지)

복습하기

1 I don't have time to _____ _____ it. : 그거에 대해 생각해 볼 시간이 없어.

2 I don't have time to _____ _____ his proposal. : 그의 제안 곰곰이 생각해 볼 시간이 없어.

3 I am _____ _____ buying a car. : 차나 살까 생각중이야. = 안 살 수도 있음.

4 I am _____ buying a car. : 자동차 구입을 고려하고 있어. = 사려는 강한 의지

5 I _____ him a friend. : 나는 그를 진지하게 친구로 생각했어. = 간주했어.

1 think about **2** think over **3** thinking about **4** considering **5** considered

021강 '알리다 / 알려주다'에는 무슨 단어를 쓸까?
(tell / let someone know / inform / notify / announce / report)

- **TELL** : 말하다. / 알리다.

- **LET SOMEONE KNOW** : someone이 알게 하다.

- **INFORM** : 어떤 단순한 사실이나 사건 등에 대한 정보를 주어 알리다. 고지하다.

  주의 목적어로 전달하고자 하는 사람을 수반한다.

  = inform + someone + of + something : someone에게 something을 알려주다.
  = inform + someone + that S V : someone 에게 that 이하를 알려주다.

- **NOTIFY** : 주의나 행동이 요구되는 공식적인 특정한 정보를 통보하다. 통지하다.

  주의 목적어로 통지하고자 하는 사람을 수반한다.

  = notify + someone + of + something : someone 에게 something 을 통지하다.

- **ANNOUNCE** : 발표하다, 알리다, 공공장소에서 알리다, 발표하다, 큰소리로 선언하다.

  주의 목적어로 전달하고자 하는 정보를 수반하지만 사람은 목적어로 쓸 수 없다.

- **REPORT** : 전하다, 신고하다, 보고하다, (신문방송에서) 보도하다, ~라고 알려지다.

  주의 목적어로 신고하고자 하는 대상이 온다.

  = report + something + to + somebody : something을 somebody에게 신고하다.

- **INFORM** (목적어로 사람을 수반한다.)

    They informed me of the result of the game. (그들은 내가 경기의 결과를 알려주었다.)

- **NOTIFY** (목적어로 사람을 수반한다.)

    I will notify you of the details later. (제가 당신에게 자세한 내용은 추후에 통지하겠습니다.)

- **ANNOUNCE** (목적어로 사람은 오지 못 한다.)

    The government announced the election results. (정부는 집계 결과를 발표했어.)

- **REPORT** (목적어로 신고하고자 하는 대상이 온다.)

    I want to report the loss of a package. (제가 짐꾸러미 하나를 분실해서 신고하려고 해.)

    Please report it to the police. (경찰에 그걸 신고해 주세요.)

복습하기

❶ They _____ me of the result of the game. : 그들은 내가 경기의 결과를 알려주었다.

❷ I will _____ you of the details later. : 제가 당신에게 자세한 내용은 추후에 통지하겠습니다.

❸ The government _____ the election results. : 정부는 집계 결과를 발표했다.

❹ Please _____ it to the police. : 경찰에게 그걸 신고해 주세요.

❺ I want to _____ the loss of a package. : 제가 짐 꾸러미 하나를 분실해서 신고하려고 합니다.

❶ informed ❷ notify ❸ announced ❹ report ❺ report

022강

'입다'에는 무슨 단어를 쓸까?
(wear / put on / try on / get dressed)

- **WEAR** : 주의 입고 있는 상태에 중점

  1. 옷을 입다.
  2. 모자를 쓰다.
  3. 마스크를 쓰다.
  4. 안경을 쓰다.
  5. 장갑을 끼다.
  6. 신발을 신다.
  7. 화장을 하다.
  8. 양말을 신다.
  9. 반지를 끼다.
  10. 헤드폰을 쓰다.
  11. 수염을 기르다.
  12. 향수를 뿌리다.

- **PUT ON** : 주의 입는 행동에 중점

- **TRY ON** : 한번 입어 보다.

- **GET DRESSED** : 외출을 하거나 누구를 만나기 위해 아래위로 챙겨 입다.

- **WEAR**

  She wears a uniform. (그녀는 유니폼을 입고 있어.)

  The boy wears a cap. (그 소년은 모자를 쓰고 있어.)

  The workers wear masks to avoid the dust. (그 노동자는 먼지를 피하기 위해 마스크를 쓰고 있어.)

  The man wears sunglasses. (그 남자는 선글라스를 쓰고 있어.)

  Make sure to wear gloves before making a snowman. (눈사람 만들기 전에 장갑 꼭 끼세요.)

  Wear your raincoat and rain boots. (비옷과 장화는 신으세요.)

  She never wears make-up. (그녀는 절대로 화장을 하지 않아.)

Don't forget to wear your socks. (양말 신는 거 잊지 마.)
I don't have to wear rings. (나는 반지를 낄 필요가 없어.)
Everyone wears headphones. (모두 헤드폰을 쓰고 있어.)
He wears a mustache. (그는 수염을 길러.)
I used to wear that perfume. (나 그 향수 예전에 뿌렸었는데)

- **PUT ON**

    She is putting on a uniform. (그녀는 유니폼을 입는 중이야.)
    Please put on the baby's socks. (아기의 양말을 신겨줘.)
    She is just putting on a make-up. (그녀는 화장을 하는 중이야.)

- **TRY ON**

    Try on these shoes. (이 신발들을 한번 신어봐.)
    Can I try on this jacket? (제가 이 자켓을 입어 봐도 될까요?)

- **GET DRESSED**

    It takes her two hours to get dressed. (그녀는 차려입는데 2시간이 걸려.)

복습하기

❶ She _____ a uniform. : 그녀는 유니폼을 입고 있어.

❷ I don't have to _____ rings. : 나는 반지를 낄 필요가 없어.

❸ She is _____ ___ a uniform. : 그녀는 유니폼을 입는 중이야.

❹ Can I _____ ___ this jacket? : 제가 이 자켓을 입어 봐도 될까요?

❺ _____ ___ these shoes. : 이 신발들을 한번 신어봐.

❶ wears ❷ wear ❸ putting on ❹ try on ❺ Try on

023강 '바꾸다'에는 무슨 단어를 쓸까?
(change / exchange / switch)

- **CHANGE** : 옷, 물건, 생각, 색깔 등을 바꾸다. 넓은 의미에서 상황이나 상태가 변화하다. (~로 바꾸다, 변하다, 옷을 갈아입다.)

  주의 A를 B로 바꾸다.

- **EXCHANGE** : 물건을 교환하다, 주고 받다, 맞바꾸다. (서로 바꾸다, 옷을 바꾸다.)

  주의 A <-> B : 서로 바꿔서 갖다, 소유하다 의미가 강함.

- **SWITCH** : 바꿀 대상이 있는 상태에서 교체하다. (자리나 일을 바꾸다, 맞바꾸다, 전환하다.)

- **CHANGE**

  Change your mind. (생각을 바꿔.)

  She has changed a lot. (그녀는 너무 많이 변했어.)

  I want to change the color of my house. (나는 내 집의 색을 바꾸고 싶어.)

  I have to go home to change. (나는 옷 갈아입으러 집에 가야해.)

- **EXCHANGE**

  I exchanged my clothes. (나는 내 옷들을 교환했어.)

  Can I exchange these shoes with bigger ones? (제가 이 신발을 더 큰 사이즈로 교환할 수 있을까요?)

Could you exchange this to U.S dollars? (이 돈을 미국 달러로 교환해주시겠어요?)

We always exchange our gifts on Christmas. (우리는 언제나 크리스마스 선물을 교환해.)

• **SWITCH**

Would you switch seats with me? (나랑 자리 바꿀래?)

Can you switch over to Channel 10? (10번 채널로 바꿔줄래?)

복습하기

❶ _____ your mind. : 생각을 바꿔.

❷ I _____ my clothes. : 나는 내 옷들을 교환했어.

❸ Would you _____ seats with me? : 나랑 자리 바꿀래?

❹ Can I _____ these shoes with bigger ones? : 제가 이 신발을 더 큰 사이즈로 교환할 수 있을까요?

❺ She has _____ a lot. : 그녀는 너무 많이 변했어.

❶ Change ❷ exchanged ❸ switch ❹ exchange ❺ changed

024강 '다루다, 처리하다'에는 무슨 단어를 쓸까?
(deal with / handle / control)

- **DEAL WITH** : 대상을 거래하다, 해결하다. / 사람을 대하다, 상대하다.

  주의 deal with + something : 일이나 문제를 처리하다. 해결하다, 다루다.
  deal with + someone : ~을 적절하게 대하다, 상대하다.

- **HANDLE** : 아주 여유 있게, 기술적으로(skillfully) 처리하다(다스리다, 감당하다.).

- **CONTROL** : 힘과 능력으로 조정하다. 어느 정도 내가 원하는 대로 움직일 수 있는 상태 (조정하다. 통제하다.)

- **DEAL WITH**

  You have to deal with your stress. (너는 스트레스 해결해야 해.)

  I deal with customers on the phone. (저는 전화로 고객을 상대해.)

  I don't have time to deal with you. (너 상대할 시간 없어.)

- **HANDLE**

  Let me handle this problem. (이 문제 처리해 볼게.)

  I can't handle it any more. (감당할 수가 없어.)

  You can't handle the truth. (진실을 감당할 수 없어.)

• **CONTROL**

How do I control the room temperature? (방 온도는 어떻게 조정하나요?)

I got drugs to control the pain. (나는 통증을 다스리는 / 통제하는 약을 얻었어.)

I can't control my appetite. (식욕을 주체할 수가 없어.)

Parents should control their children's action in the restaurant. (부모들은 식당에서 그들의 아이들의 행동을 통제해야 해.)

복습하기

❶ I _____ __ customers on the phone. : 저는 전화로 고객을 상대합니다.

❷ I don't have time to _____ __ you. : 너 상대할 시간 없어.

❸ Let me _____ this problem. : 이 문제 처리해 볼게.

❹ I can't _____ it any more. : 감당할 수가 없어.

❺ I got drugs to _____ the pain. : 나는 통증을 다스리는 / 통제하는 약을 얻었어.

❶ deal with ❷ deal with ❸ handle ❹ handle ❺ control

025강 '떠나다, 출발하다'에는 무슨 단어를 쓸까?
(leave / start / depart)

- **LEAVE** : 주로 '장소'를 중심으로 생각 (떠나다, 출발하다.)

  주의) 어떤 장소를 떠나다 : **leave + 장소 / 목적어, 특히) leave from (X)**
  어떤 장소로 출발하다 : **leave for + 장소**

- **START** : 장소에서 / 장소로 '출발하다.', 단순히 무엇인가를 '시작하다.'
  (출발하다, 시작하다.)

  주의) 어떤 장소에서 출발하다 : **start from + 장소**
  어떤 장소로 출발하다 : **start for + 장소**
  무엇을 시작하다 : **start + 목적어**

- **DEPART** : 열차나 비행등의 운송수단에서만 주로 사용한다.

  주의) 어떤 장소에서 출발하다 : **depart from + 장소**
  어떤 장소로 출발하다 : **depart for + 장소**

- **LEAVE**

  He leaves home at 6 everyday. (그는 매일 6시에 집을 떠나. = 출근해.)

  They left him. (그들은 그를 떠났어.)

  I'm leaving for Hawaii tomorrow. (나는 내일 하와이로 떠날 거야.)

  I left New York for Seoul. (나는 뉴욕을 떠나 서울로 갔어.)

- **START**

    She started from home at 6. (그녀는 6시에 집에서 출발했어.)

    They are going to start from Incheon. (그들은 인천에서 출발 할거야.)

    He started from Seoul for Pusan. (그는 서울을 떠나 부산으로 출발했어.)

    His concert will start from May 15th. (그의 콘서트는 5월 15일부터 시작할 거야.)

    It's hard to start a conversation with him. (그와 대화를 시작하는 것은 어려워.)

- **DEPART**

    When does my flight depart? (제 비행기 언제 떠나죠?)

    The train will depart from platform 1. (그 기차는 1번 승강장에서 출발할 겁니다.)

    The buses will depart for Waikiki beach. (그 버스는 와이키키 비치로 출발할 겁니다.)

복습하기

❶ He _____ home at 6 everyday. : 그는 매일 6시에 집을 떠나. = 출근해.

❷ I'm _____ for Hawaii tomorrow. : 나는 내일 하와이로 떠날 거야.

❸ It's hard to _____ a conversation with him. : 그와 대화를 시작하는 것은 어려워.

❹ They _____ him. : 그들은 그를 떠났어.

❺ The train will _____ from platform 1. : 그 기차는 1번 승강장에서 출발할 겁니다.

❶ leaves ❷ leaving ❸ start ❹ left ❺ depart

'다른'에는 무슨 단어를 쓸까?
(another / different / other / the other)

- **ANOTHER** : 주로 단수에만 사용하며 'one more' 즉, '또 다른, 하나 더'라는 의미가 강함.

- **DIFFERENT** : 주로 단수, 복수 모두 사용하며 'not the same' 즉, '같지 않다.'는 의미가 강함.

- **OTHER** : 오직 복수 명사에만 사용되며 '또 다른' 이라는 의미가 강함.

    주의 복수명사가 올 때 'another' 대신 사용한다고 보면 된다.

    = I'm going to the restaurant with another friend.
    (나는 다른 한 친구와 식당에 갈래.)

    = I'm going to the restaurant with other friends.
    (나는 다른 친구들과 식당에 갈래.)

- **THE OTHER** : '나머지' 라는 의미가 강함.

    주의 The other + 단수 : 둘 중에 나머지 하나라는 의미
    The other + 복수 : 나머지 것들 이라는 의미

    = The other woman : 둘 중에 나머지 한 명의 여자
    = The other women : 나머지 다른 여자들은

- **ANOTHER**

    Do you have another one? (다른 거 하나 더 있나요?)

    Let's meet at another time. (some other time) (다음에 만나자.)

    Use another door. (이거 말고 다른 하나의 문을 사용해.)

    I haven't finished yet. I have another hour. (나 아직 끝내지 못했어. 나 한 시간 더 남았어.)

- **DIFFERENT**

    Let's meet at a different time. ((우리가 정한 시간이 아닌) 다른 시간에 만나자.)

    We have different flavors of ice cream. (우리는 각기 다른 맛의 아이스크림이 있어요.)

    John is not like his brother. He's different. (존은 그의 형 같지 않아. 그는 달라.)

- **OTHER**

    I'm going to the restaurant with other friends. (나는 다른 친구들과 식당에 갈래.)

    He yelled at other members. (그는 다른 멤버들에게 소리를 쳤다.)

    You never think about other people. (너는 다른 사람은 생각도 안해.)

- **THE OTHER**

    Use the other door. (둘 중 나머지 문을 사용해.)

    Do you want the other one? (이거 말고 나머지 하나 드릴까요?)

    Share your cookies with the other kids. (나머지 애들하고 과자 나눠 먹어.)

    He beats the other runners. (그는 나머지 주자들을 이겼다.)

복습하기

❶ Do you have _____ one? : 다른 거 하나 더 있나요?

❷ We have _____ flavors of ice cream. : 우리는 각기 다른 맛의 아이스크림이 있어요.

❸ I'm going to the restaurant with _____ friends. : 나는 다른 친구들과 식당에 갈래.

❹ Use ___ _____ door. : 둘 중 나머지 문을 사용해.

❺ Do you want _____ one? : 이거 말고 나머지 하나 드릴까요?

❶ another ❷ different ❸ other ❹ the other ❺ another

027강 '~ 가능해?'에는 무슨 단어를 쓸까?
(possible / available)

- **POSSIBLE** : 사물이 주어일 때만 사용한다. 주로 주어는 **it**가 온다.
  (실현 가능한)

  주의 possible <=> impossible

- **AVAILABLE** : 사물, 사람 둘 다. 주어로 사용한다.

  주의 available <=> unavailable
  (사물이) 사용 가능한, 이용할 수 있는, 유효한
  (사람이) 시간이나 여유가 있는

  주의 두 단어의 공통점은 명사를 꾸며줄 때는 모두 뒤에서 수식해 준다.

- **POSSIBLE**

  Mission impossible (미션불가)

  Is it possible to buy tickets? (티켓을 사는 것이 가능한가요?)

  Is it possible to cancel my trip? (제 여행을 취소할 수 있을까요?)

  Is it possible to stay two more days? (이틀을 더 머무는 것이 가능할까요?)

• AVAILABLE

There's no money available for the party. (파티에 사용 가능한 돈이 없어요.)

It is unavailable in the library. (그건 도서관에서 이용할 수 없어요.)

That book is available in our bookstore. (그 책은 우리 서점에서 살 수 있어요.)

The car is available in black. (그 차는 블랙 색상으로 살 수 있어요.)

Are you available this afternoon? (너 오늘 저녁에 시간 돼?)

Are you available after work tomorrow? (너 내일 일 끝나고 시간 돼?)

I'm not available at that time. (나 그 시간에는 시간이 안돼.)

복습하기

❶ Is it _____ to buy tickets? : 티켓을 사는 것이 가능한가요?

❷ That book is _____ in our bookstore. : 그 책은 우리 서점에서 살 수 있어요.

❸ I'm not _____ at that time. : 나 그 시간에는 시간이 안 돼.

❹ Are you _____ this afternoon? : 너 오늘 저녁에 시간 돼?

❺ It is _____ in the library. : 그건 도서관에서 이용할 수 없어요.

❶ possible ❷ available ❸ available ❹ available ❺ unavailable

028강 '~하곤 했었어'에는 무슨 단어를 쓸까?
(would / used to)

- **BE** 동사 / 일반 동사 과거형 : 특정 시점에서 벌어지거나 일회성으로 끝난다.

- **WOULD** : 과거의 습관적 행동이나 상태를 표현하며 현재까지도 지속 가능하며 의미는 과거를 회상하고 그리워하는 뉘앙스가 있다.

  > **주의** 동작동사(go, move, make 등)는 가능하지만, 상태 동사 (be, like, feel, love 등)는 오지 못한다.

- **USED TO** : 과거의 습관적 행동이나 상태를 표현하며 과거에는 했지만 지금 현재는 그렇지 않다는 의미가 있다.

  > **주의** 동작동사(go, move, make 등) 도 가능하고 상태 동사(be, like, feel, love 등)도 올 수 있다.

- 단순 과거시제 (특정 시점이나 일회성)

  I was a policeman three years ago. (나는 3년 전에 경찰이었어.)

  I was with my friend yesterday. (나는 어제 내 친구와 있었어.)

  I went to Busan last year. (나 작년에 부산에 다녀왔어.)

- **WOULD** (습관적 행동 : ~하곤 했었어)

  When I was young, I would go to church with my family. (내가 어렸을 때 나는 내 가족들과 교회에 가고는 했어. 지금도 가끔 가.)

  We would go on a picnic in May. (우리는 5월에 피크닉에 가고는 했어. 지금도 가끔 가.)

We would be friends. (X)

I would like each other. (X)

I would love the pets. (X)

- **USED TO** (습관적 행동 : ~하곤 했었지만 지금은 아니야)

When I was young, I used to go to church with my family. (내가 어렸을 때, 나는 내 가족들과 교회에 가고는 했었지. = 하지만 지금은 아니야.)

We used to go on a picnic in May. (but we do not anymore.) (우리는 한 때 5월에 피크닉에 가고는 했었지. 하지만 지금은 아니야.)

We used to be friends. (but we are not anymore.) (우리는 한 때 친구였었지. 하지만 지금은 아니야.)

We used to like each other. (우리는 한 때 서로를 좋아했었지. 하지만 지금은 아니야.)

We used to love pets. (우리는 한 때 애완동물을 좋아했었지. 하지만 지금은 아니야.)

복습하기

❶ I _____ with my friend yesterday. : 나는 어제 내 친구와 있었어.

❷ We _____ __ be friends. : 우리는 한 때 친구였었지

❸ We _____ go on a picnic in May. : 우리는 5월에 피크닉에 가고는 했어. 지금도 가

❹ We _____ __ like each other. : 우리는 서로를 좋아하곤 했어.

❺ We _____ __ love pets. : 우리는 애완동물을 좋아하곤 했어.

❶ was ❷ used to ❸ would ❹ used to ❺ used to

029강 '~해야 해'에는 무슨 단어를 쓸까?
(should / have to / gotta / must / be supposed to)

- **SHOULD** : 의무성이 조금 낮으며 '~하면 좋아' 라는 개인적인 느낌에 중점을 둔다.

- **HAVE TO** : 일을 시킨 누군가가 제3자가 된다. 다른 사람이 정한 규칙을 따른다는 느낌이 있다.

- **GOTTA** : '**have to**' 와 같은 의미이며 비 격식적인 표현이다.

- **MUST** : 일을 시킨 누군가가 말하는 이가 된다. (스스로 정한 규칙 / 자신만의 의견 / 공식적인 공지사항)

- **BE SUPPOSED TO** : '의무 + 예정'의 의미로 '~하기로 되어있다.'라는 의미 (방침, 규칙, 약속)다.

- **SHOULD**

  You should ask her. (그녀에게 물어보는 게 나아요.)

  That old chair should be thrown away. (저 헌 의자 버리는 게 나아요.)

  We should arrive before dark. (어두워지기 전에 도착하는 게 나아.)

- **HAVE TO** (제 3자 누군가가 시켜서)

  I have to wear a tie. (나 넥타이 매야 해.)

  I have to watch this movie. (나 이 영화 봐야 해.)

  I have to get through the exam. (나 시험 통과해야 해.)

I have to get some sleep. (나 잠 좀 자야 해.)

We have to get together. (우리 만나야 해.)

- **MUST** (나 스스로의 다짐)

  I must wear a tie. (나 넥타이 매야 해.)

  I must watch this movie. (나 이 영화 봐야 해.)

  I must get through the exam. (나 시험 통과해야 해.)

  I must get some sleep. (나 잠 좀 자야해.)

  We must get together. (우리 만나야 해.)

- **BE SUPPOSED TO**

  I'm supposed to watch this movie. (나 이 영화 보기로 되어있어.)

  He's supposed to be here. (그가 여기 오기로 되어 있어.)

  We're supposed to buy a ticket. (표를 사야 하는 것으로 되어 있어.)

  I'm supposed to be at work at 8 a.m. (나는 8시까지 출근으로 되어있어.)

복습하기

❶ You _____ ask her. : 그녀에게 물어보는 게 나아요

❷ That old chair _____ be thrown away. : 저 헌 의자 버리는 게 나아요

❸ I _____ wear a tie. : 나 넥타이 해야 해 - 나 스스로 다짐

❹ I ___ _____ ___ watch this movie. : 나 이 영화 보기로 되어 있어.

❺ He ___ _____ ___ be here. : 그가 여기 오기로 되어 있어

❶ should ❷ should ❸ must ❹ am supposed to ❺ is supposed to

030강 '~일 지 몰라'에는 무슨 단어를 쓸까?
(may / might / may be / might be / must be)

- **MAY** + 일반동사 : '~일지 모른다.', '~할 거 같긴 한데' 라는 의미. (50% 정도의 추측+가능성)

- **MIGHT** + 일반동사 : **may** 보다. 더 약한 의미. '혹시 ~할지도 몰라' (10~30% 정도의 추측)

- **MAY** + **BE** 동사 : (50% 정도의 추측)

- **MIGHT** + **BE** 동사 : (10~30% 정도의 추측)

- **MUST** + **BE** 동사 : ~임에 틀림없다. (90% 이상의 추측)

  주의 must + 일반동사는 '추측'의 의미로 사용하지 않는다.

- **MAY** + 일반 동사 **(50% 정도의 추측)**

  He may come. (그가 올 거 같긴 한데.)

  He may say no. (그가 싫다고 할 거 같긴 한데.)

  It may take longer than we thought. (생각한 거 보다 더 오래 걸릴 거 같긴 한데.)

- **MIGHT** + 일반 동사 **(10~30% 정도의 추측)**

  He might come. (혹시 그가 올지도 몰라.)

  He might say no. (혹시 그가 싫다고 할지도 몰라.)

  It might take longer than we thought. (혹시 생각한 거 보다 더 오래 걸릴지도 몰라.)

- **MAY BE** (50% 정도의 추측)

  It may be right. (맞을 것 같긴 한데.)

  He may be a genius. (그가 천재일 것 같긴 한데.)

  He may be over a hundred. (그가 100살이 넘었을 것 같긴 한데.)

- **MIGHT BE** (10~30% 정도의 추측)

  It might be right. (혹시 맞을지도 몰라.)

  He might be a genius. (혹시 걔 천재일지도 몰라.)

  He might be over a hundred. (혹시 그 사람 100살이 넘었을지도 몰라.)

- **MUST BE** (90% 이상의 추측)

  It must be right. (맞는 게 틀림없어.)

  He must be a genius. (그는 천재임에 틀림없어.)

  He must be over a hundred. (그는 100살이 넘었을 임에 틀림없어.)

복습하기

1 It _____ be right. : 맞을 것 같긴 한데. (50%의 추측)

2 He _____ come. : 혹시 그가 올지도 몰라. (10~30%의 추측)

3 He _____ come. : 그거 올 거 같긴 한데. (50%의 추측)

4 He _____ be a genius. : 그는 천재임에 틀림없어. (90%이상의 추측)

5 He _____ be over a hundred. : 혹시 그 사람 100살이 넘었을지도 몰라. (10~30%의 추측)

1 may **2** might **3** may **4** must **5** might be

알아두면 쓸모있는 영어회화 잡학사전

회화 할 때 여러의미로 잘 쓰이는 만능 단어정리

2

031강 만능 단어 'GET'을 활용해 보자 - 1.

- **GET** 의 다양한 동사 의미

    1. 얻다. / 구하다. (동사가 가진 자체 뜻이 다.양하게 변함)
    2. 'HAVE' - '가지다.'의 의미
    3. 'EAT' - '먹다.'의 의미
    4. 'ARRIVE' - '도착하다.'의 의미
    5. 'BUY' - '사다.'의 의미
    6. 'RECEIVE' - '받다.'의 의미
    7. 'BRING' - '데려오다. / 가져오다.'의 의미
    8. 'TAKE' - '데려가다. / 가져가다.'의 의미
    9. 'GET ON' - '운송수단을 타다.'의 의미
    10. 'UNDERSTAND' - '이해하다.'의 의미

- **1. 얻다. / 구하다.**

    What did you get for your birthday? (생일날 선물 뭐 받았어?)

- **2. HAVE** : 가지다.

    I got a problem. (문제가 있어.)
    Can I get some coffee? (커피 좀 주실래요?)

- **3. EAT** : 먹다.

    Let's get lunch. (점심 먹자.)

- **4. ARRIVE** : 도착하다.

    How can I get there? (어떻게 거기 도착하죠?)

- **5. BUY** : 사다.

    I got a ticket online. (온라인에서 티켓 샀어.)

- **6. RECEIVE** : 받다.

    I got a letter from her. (그녀로부터 편지 받았어.)
    I got a call from her. (그녀에게서 전화를 받았어.)

- **7. BRING** : 데려오다. / 가져오다.

    I'll get a towel for you. (타월 갖다 줄게.)

- **8. TAKE** : 데려가다. / 가져가다.

    Please get me there as soon as possible. (될 수 있는 한 거기 빨리 데려가 줘.)

- **9. GET ON** : 운송수단을 타다.

    When can I get the next bus? (언제 다음 버스 탈 수 있나요?)

- **10. UNDERSTAND** : 이해하다.

    I got it. (잘 알겠어.)

복습하기

1 I ____ __ _____ online. : 온라인에서 티켓 샀어.

2 How can I ____ _____? : 어떻게 거기 도착하죠?

3 Let's ____ _____. : 점심 먹자.

4 Please ____ __ _____ as soon as possible. : 될 수 있는 한 거기 빨리 데려가 줘.

5 I ____ __ _____ from her. : 그녀에게서 전화를 받았어.

1 got a ticket **2** get there **3** get lunch **4** get me there **5** got a call

032강 만능 단어 'GET'을 활용해 보자 - 2.

- **GET** + 특정 단어 : 특정 단어가 오면 단어가 가진 의미대로 뜻이 변한다.

    1. GET SOME SLEEP : 잠을 자다.
    2. GET A JOB : 직장을 구하다.
    3. GET A COLD : 감기에 걸리다.
    4. GET AN EMAIL : 이메일을 받다.
    5. GET A DISCOUNT : 할인을 받다.
    6. GET BACK : 돌아가다.
    7. GET TOGETHER : 모이다.
    8. GET READY : 준비되다.
    9. GET A SCORE : 점수 받다, 성적을 받다.
    10. GET A TICKET : 표를 사다. / 딱지를 떼다.

- **1. GET + SOME SLEEP** : 잠을 자다.
    I need to get some sleep. (잠 좀 자야겠어.)

- **2. GET + A JOB** : 직장을 구하다.
    He's trying to get a job. (그 사람 직장 구하려고 애쓰는 중이야.)

- **3. GET + A COLD** : 감기에 걸리다.
    I just got a cold. (그냥 감기에요.)

- **4. GET + AN EMAIL** : 이메일을 받다.
    I got an email from him yesterday. (어제 그에게서 이메일 받았어.)

- **5. GET + A DISCOUNT** : 할인을 받다.

  Can I get a discount? (할인 받을 수 있나요?)

- **6. GET + BACK** : 돌아가다.

  Let's get back to work (다시 일 합시다.)

- **7. GET + TOGETHER** : 모이다.

  We can get together on the weekend. (그 주말에 모일 수 있어.)

- **8. GET + READY** : 준비되다.

  Tell me when you get ready. (준비되면 말해 줘.)

- **9. GET + A SCORE** : 점수 받다, 성적을 받다.

  I have to study hard to get a good score. (좋은 점수 받기 위해 나는 열심히 공부해야해.)

- **10. GET + A TICKET** : 표를 사다. / 딱지를 떼다.

  I just got a speeding ticket. (방금 속도 위반 딱지 뗐어.)

복습하기

1 Let's ___ _____ to work : 다시 일 합시다.

2 He's trying to ___ _ ____. : 그 사람 직장 구하려고 애쓰는 중이야.

3 Can I ___ ___ _____? : 할인 받을 수 있나요?

4 I need to ___ _____ _____. : 잠 좀 자야겠어.

5 I just ___ ___ _____. : 그냥 감기에요.

1 get back **2** get a job **3** get a discount **4** get some sleep **5** got a cold

033강 만능 단어 'HAVE'를 활용해 보자.

- **HAVE** :
  1. 가지다, 소유하다, 있다.
  2. 'EAT' - '먹다.'의 의미
  3. 'DRINK - '마시다.'의 의미
  4. 'SNOW, RAIN' - '눈이 오다. / 비가 내리다.'의 의미
  5. 'SIT' - '앉다.'의 의미
  6. 'SPEND' - '보내다.'의 의미
  7. 'GET' - '걸리다.'의 의미
  8. 'TALK' - '대화하다.'의 의미
  9. 'SUFFER' - '고통을 느끼다.'의 의미
  10. 'GIVE BIRTH' - '출산하다.'의 의미

- **1. 가지다, 소유하다, 있다.**

  I have two sons. (나는 두 명의 아들이 있어.)

  I don't have an idea. (잘 모르겠어.)

  I have no time. (시간이 없어.)

- **2. EAT** : 먹다.

  I have lunch at twelve thirty. (나는 12시 30분에 점심 먹어.)

- **3. DRINK** : 마시다.

  I always have coffee at night. (나는 밤에 늘 커피 마셔.)

- **4. SNOW / RAIN** : 오다, 내리다.

  We had much snow this winter. (이번 겨울에는 눈이 많이 왔어.)

  We have lots of rain in summer. (여름에는 비가 많이 내려.)

- **5. SIT : 앉다.**

  Please have a seat here. (여기 앉으세요.)

- **6. SPEND : 보내다.**

  Have a good time. (좋은 시간 보내.)

- **7. GET : 걸리다.**

  I have a cold. (나 감기 걸렸어.)

- **8. TALK : 대화하다.**

  I want to have a talk with your boss. (당신 상사와 얘기하고 싶어.)

- **9. SUFFER** : 고통을 느끼다.

  I have a toothache. (치통을 느껴.)

  I have a headache. (두통을 느껴.)

- **10. GIVE BIRTH** : 출산하다.

  I won't have a baby. (나는 아기를 낳지 않을 거야.)

복습하기

1 I always _____ _____ at night. : 나는 밤에 늘 커피 마셔.

2 We _____ _____ _____ this winter. : 이번 겨울에는 눈이 많이 왔어.

3 I _____ __ _____. : 치통을 느껴.

4 Please _____ __ _____ here. : 여기 앉으세요.

5 I _____ __ _____. : 시간이 없어.

1 have coffee **2** had much snow **3** have a toothache **4** have a seat **5** have no time

034강 만능 단어 'TAKE'를 활용해 보자.

- **TAKE** + 특정 단어 : 특정 단어가 오면 단어가 가진 의미대로 뜻이 변한다.

  1. **PHOTO** – 사진 찍다.
  2. **TEST** – 시험 보다.
  3. **MEDICINE** – 복용하다.
  4. **BUS**, **TAXI** – 탈 것을 타다.
  5. **NAP**, **SLEEP** – 잠을 자다.
  6. **TRIP** – 여행하다.
  7. **SHOWER** – 샤워하다.
  8. **LESSON** – 레슨 받다.
  9. **WALK** – 산책하다.
  10. **LOOK** – 살펴 보다.

- **1. TAKE + A PHOTO** : 사진 찍다.

  Can you take a photo of us? (우리 사진 좀 찍어 줄래요?)

- **2. TAKE + A TEST** : 시험보다.

  I'm ready to take a test. (시험 볼 준비 다 됐어.)

- **3. TAKE + MEDICINE** : 약을 복용하다.

  Take medicine before each meal. (매 식사 전에 약 복용하세요.)

- **4. TAKE + A TAXI / A BUS** : 택시 / 버스를 타다.

  Don't take a taxi at this time. (이 시간에는 택시 타지 마.)

- **5. TAKE + A SLEEP / A NAP** : 잠 / 낮잠을 자다.

  I took a good sleep yesterday. (어제 잠 잘 잤어.)
  I usually take a nap after lunch. (점심 먹은 후에는 늘 낮잠을 자.)

- **6. TAKE + A TRIP** : 여행하다.

  I hope to take a trip to Europe. (유럽으로 여행 가고 싶어.)

- **7. TAKE + A SHOWER** : 샤워하다.

  I take a warm shower before going to bed. (자기 전에 따듯한 샤워를 해.)

- **8. TAKE + A LESSON** : 레슨 받다.

  I want to take a piano lesson. (피아노 레슨 받고 싶어.)

- **9. TAKE + A WALK** : 산책하다.

  I'd like to take a walk with my dog. (강아지와 산책하고 싶어.)

- **10. TAKE + A LOOK** : 살펴 보다.

  Take a look at his old picture. (그 사람 옛날 사진 좀 봐.)

복습하기

1 I'm ready to _____ __ _____. : 시험 볼 준비 다 됐어.

2 I usually _____ __ _____ after lunch. : 점심 먹은 후에는 늘 낮잠을 자.

3 _____ _____ before each meal. : 매 식사 전에 약 복용하세요.

4 _____ __ _____ at his old picture. : 그 사람 옛날 사진 좀 봐.

5 Don't _____ __ _____ at this time. : 이 시간에는 택시 타지 마.

1 take a test **2** take a nap **3** Take medicine **4** Take a look **5** take a taxi

035강 만능 단어 'GO'를 활용해 보자.

- **GO** :

    1. GO + 부사 : ~로 향해서 가다.
    2. GO + 형용사 : ~가 되다.
    3. GO TO + 장소 : ~에 가다. (특정한 행위를 하러 가다.)
    4. GO TO + A(THE) 장소 : 일반적인 장소에 가다.
    5. GO FOR + 행위 : ~을 하러가다.
    6. GO ON + 일정 : 일정을 치르다.
    7. GO ~ING : ~을 하러 가다. (여가나 취미 관련하러 가다.)
    8. GO + 일반 동사 + 명사 : ~하러 가다.

- **1. GO + 부사** : ~로 향해서 가다.

    You'd better go home. (집에 가는 게 낫겠어.)
    I go abroad several times a year. (나는 1년에 여러 번 해외 나가.)
    Is there a bus to go downtown? (시내로 가는 버스 있나요?)

- **2. GO + 형용사** : ~가 되다.

    I go crazy for chocolate. (나 초코렛에 열광해.)
    Foods go bad easily in summer. (여름에 음식은 잘 상해요.)

- **3. GO TO + 장소** : 특정한 행위를 하러 가다.

    It's too young to go to school. (학교 가기에는 너무 어려.)
    It's time to go to bed. (자야 할 시간이야.)
    I go to work by taxi. (택시 타고 출근해.)

- **4. GO TO + A 장소** : (일반적인 장소)에 가다.

    I don't want to go to a party. (파티 가기 싫은데.)
    I always go to the movies (cinema) on Saturday. (토요일에는 항상 영화 봐.)

- **5. GO FOR** + 행위 : ~을 하러가다.

    Let's go for a walk. (산책하자.)
    I'm going to go for a swim now. (지금 수영하러 갈 거야.)

- **6. GO ON** + 일정 : 일정을 치르다.

    We'll go on a trip tomorrow. (우리는 내일 여행 떠날 거야.)
    Let's go on a picnic on this Sunday. (이번주 일요일에 소풍가자.)

- **7. GO ~ING** : ~을 하러 가다. / 여가나 취미 관련하러 가다.

    I want to go fishing today. (오늘 낚시하러 가고 싶어.)
    Do you want to go shopping with me? (나랑 쇼핑하러 갈래?)

- **8. GO** + 일반 동사 + 명사 : ~하러 가다.

    I'll go get some coffee. (커피 마시러 갈 거야.)

    Let's go get something to eat. (가서 뭐 좀 먹자.)

복습하기

❶ I _____ _____ several times a year. : 나는 1년에 여러 번 해외 나가.

❷ It's time to _____ _____ _____. : 자야 할 시간이야.

❸ Do you want to _____ _____ with me? : 나랑 쇼핑하러 갈래?

❹ I'll _____ _____ some coffee. : 커피 마시러 갈 거야.

❺ We'll ____ ____ ____ _____ tomorrow. : 우리는 내일 여행 떠날 거야.

❶ go abroad ❷ go to bed ❸ go shopping ❹ go get ❺ go on a trip

036강 만능 단어 'DO'를 활용해 보자.

- **DO** + 특정 단어 : 특정 단어가 오면 단어가 가진 의미대로 뜻이 변한다.

    1. **THE LAUNDRY** : 세탁물
    2. **THE DISHES** : 설거지감, 그릇들
    3. **EXERCISE** : 운동
    4. **BUSINESS** : 사업
    5. **HOMEWORK** : 숙제
    6. **A PAPER** : 논문, 리포트
    7. **FAVOR** : 호의
    8. **ONE'S HAIR** : 머리, 헤어
    9. **GOOD** : 잘하다, 이득을 보다.
    10. **DAMAGE** : 손실을 초래하다.
    11. 충분하다.
    12. 완성하다, 끝내다.

- **1. DO + THE LAUNDRY** : 세탁하다, 빨래하다.

    I do the laundry once a week. (나는 1주일에 한 번 세탁해.)

- **2. DO + THE DISHES** : 설거지하다.

    I'll do the dishes. (설거지 내가 할게.)

- **3. DO + EXERCISE** : 운동하다.

    I do exercise twice a week. (1주일에 2번은 운동해.)

- **4. DO + BUSINESS** : 사업하다.

    I want to do business with you. (당신 회사와 거래하고 싶군요.)

- **5. DO + HOMEWORK** : 숙제하다.

    They do homework together after school. (방과 후 걔네들은 같이 숙제해.)

- **6. DO + A PAPER** : 논문 쓰다.

    I'm doing a paper on the matter. (그 문제에 대해 리포트 쓰고 있어.)

- **7. DO + A FAVOR** : 호의를 베풀다.

    Could you do me a favor? (제게 호의를 베풀 수 있나요? = 부탁 하나 들어주실 수 있나요?)

- **8. DO + ONE'S HAIR** : 머리 하다.

    Where did you do your hair? (어디에서 머리 했어?)

- **9. DO + GOOD** : 잘하다, 이득을 보다.

    Do good to others. (다른 사람에게 잘해.)

- **10. DO + DAMAGE** : 손실을 초래하다.

    Your choice will do damage to you. (네 선택이 네게 해가 될 거야.)

- **11. DO** : 충분하다.

    That'll do. (그걸로 충분해.)

- **12. DO** : 완성하다, 끝내다.

    I am done. (다 먹었어요.)
    I am done with you. (너랑은 끝이야.)

복습하기

1 I want to ____ _____ with you. : 당신 회사와 거래하고 싶군요.

2 I'll ____ ____ _____. : 설거지 내가 할게.

3 I ____ ____. : 다 먹었어요.

4 Could you ____ ____ ____ ____? : 부탁 하나 들어주실 수 있나요?

5 Your choice will ____ _____ to you. : 네 선택이 네게 해가 될 거야.

1 do business **2** do the dishes **3** am done **4** do me a favor **5** do damage

037강 만능 단어 'MAKE'를 활용해 보자.

- **MAKE** + 특정 단어 : 특정 단어가 가진 의미대로 뜻이 다양하게 변함.

    1. COFFEE – 커피를 끓이다.
    2. MONEY – 돈을 벌다.
    3. A MISTAKE – 실수를 하다.
    4. A SPEECH – 연설을 하다.
    5. A RESERVATION – 예약을 하다.
    6. A CALL – 전화를 하다.
    7. A LIST – 명단을 작성하다.
    8. A CONTRACT – 계약을 하다.
    9. A WISH – 소원을 빌다.
    10. A PROMISE – 약속하다.
    11. A LIVING : 생활, 생계를 유지하다.
    12. A PLAN : 계획을 세우다.

- **1. MAKE + COFFEE** : 커피를 끓이다.

    I'll make coffee for you. (커피 타 줄게.)

- **2. MAKE + MONEY** : 돈을 벌다.

    I want to make money soon. (빨리 돈 벌고 싶어.)

- **3. MAKE + A MISTAKE** : 실수를 하다.

    Did I make a mistake? (제가 실수했나요?)

- **4. MAKE + A SPEECH** : 연설을 하다.

    It's hard to make a speech in front of people. (사람들 앞에서 연설하는 것은 어려워.)

- **5. MAKE + A RESERVATION** : 예약을 하다.

    When did you make a reservation? (언제 예약하셨죠?)

- **6. MAKE + A CALL** : 전화를 하다.
  You have to make a call to her. (그녀에게 전화해야해.)

- **7. MAKE + A LIST** : 명단을 작성하다.
  Make a list of this. (이거 명단 작성 좀 해봐.)

- **8. MAKE + A CONTRACT** : 계약을 하다.
  Can I make a contract by phone? (전화로 계약 가능한가요?)

- **9. MAKE + A WISH** : 소원을 빌다.
  Close your eyes and make a wish! (눈 감고 소원을 빌어 봐!)

- **10. MAKE + A PROMISE** : 약속을 하다.
  He made a promise to himself. (그는 스스로에게 약속 했어.)

- **11. MAKE + A LIVING** : 생활을 유지하다.
  I'm just trying to make a living. (그냥 먹고 살려고 하는 거예요.)

- **12. MAKE + A PLAN** : 계획을 세우다.
  Let's make a plan for our vacation. (휴가 계획 세우자.)

복습하기

1 _____ __ _____ of this. : 이거 명단 작성 좀 해봐.

2 When did you _____ __ _____? : 언제 예약하셨죠?

3 He _____ __ _____ to himself. : 그는 스스로에게 약속 했어.

4 Did I _____ __ _____? : 제가 실수했나요?

5 Let's _____ __ _____ for our vacation. : 휴가 계획 세우자.

1 Make a list **2** make a reservation **3** made a promise **4** make a mistake **5** make a plan

038강 만능 단어 'WORK'를 활용해 보자.

- **WORK**

    1. **WORK + IN** : 장소 / 직장 / 부서에서 일하다.
    2. **WORK + AT** : (지엽적인) 장소에서 일하다.
    3. **WORK + FOR** : 사람 밑이나 회사에서 일하다.
    4. **WORK + AS** : 직업으로 가지고 일하다.
    5. 기계 + **WORK** : 작동하다.
    6. 신용 카드 + **WORK** : 계산되다.
    7. 약 + **WORK** : 효과가 있다.
    8. 계획 + **WORK** : 잘 되다.

- **1. WORK + IN** : 장소 / 직장 / 부서에서 일하다.

    He works in a restaurant. (그는 식당에서 일해. (장소))
    He works in John's office. (그는 John의 사무실에서 일해. (직장))
    He works in the planning department. (그는 기획팀에서 일해. (부서))

- **2. WORK + AT** : (지엽적인) 장소에서 일하다.

    He works at the supermarket. (그는 슈퍼마켓에서 일해. (장소))
    He works at a department store. (그는 백화점에서 일해. (장소))

- **3. WORK + FOR** : 사람 밑이나 회사에서 일하다.

    He works for his father. (그는 자기 아버지 밑에서 일해. (사람))
    He works for an electronic company. (그는 전기회사에서 일해. (회사))

He works for Google. (그는 구글에서 일해. (회사))

- **4. WORK + AS** : 직업으로 가지고 일하다.

  He works as a waiter. (그는 웨이터로 일해. (직업))

  He works as a tour guide. (그는 가이드로 일해. (직업))

- **5. 기계 + WORK** : 작동하다.

  My phone doesn't work. (내 핸드폰이 멈췄어.)

  My computer doesn't work. (내 컴퓨터 안 켜져.)

- **6. 신용 카드 + WORK** : 계산되다.

  My credit card doesn't work. (내 신용카드 정지됐어.)

- **7. 약 + WORK** : 효과가 있다.

  This sleeping pill doesn't work on me. (이 수면제 효력이 없는데.)

- **8. 계획 + WORK** : 잘 되다.

  Our plan doesn't work. (우리 계획이 잘 안 됐어.)

복습하기

1 He _____ ___ Google. : 그는 구글에서 일해. : 회사

2 He _____ ___ the planning department. : 그는 기획팀에서 일해. : 부서

3 This sleeping pill _____ ____ ___ me. : 이 수면제 효력이 없는데.

4 My credit card _____ ____. : 내 신용카드 정지됐어.

5 My computer _____ ____. : 내 컴퓨터 안 켜져.

1 works for **2** works in **3** doesn't work on **4** doesn't work **5** doesn't work

039강 만능 단어 'KEEP'를 활용해 보자.

- **KEEP**

  1. (약속, 질서, 법, 비밀, 자리등을) 지키다.
  2. 보관하다.
  3. 쓰다, 기록하다.
  4. 일정 상태로 계속 있다.
  5. ~을 계속하다. / 반복하다.

- **1. 약속, 법, 비밀 등을 지키다.**

  I'll keep my promise as I said before. (전에 말한 대로 약속 지킬게.)

  We must keep the law. (우리는 법을 준수해야 해.)

  Please keep a secret to your grave (죽을 때까지 비밀 지켜.)

- **2. 보관하다.**

  Keep your receipt. (영수증을 보관해.)

  Keep your passport in a safe place. (여권을 안전한 곳에 보관해.)

- **3. 쓰다, 기록하다.**

  I will keep a diary before I go to bed. (나는 자기 전에 다이어리를 쓸 거야.)

  You should keep a record of your experience. (너는 네 경험을 기록해야해.)

- **4. 일정 상태로 계속 있다.**

    I can hardly keep my eyes open. (나는 내 눈을 뜨고 있기 힘들어.)

    I'm sorry to keep you waiting. (당신을 기다리게 해서 죄송해요.)

    I'm sorry to keep (on) bothering you. (귀찮게 해서 죄송해요.)

    Please, keep in touch. (연락하고 지내자.)

    I'd like to keep in shape. (몸매 유지하고 싶어.)

- **5. 계속하다, 반복하다.**

    Keep going like that. (계속 그렇게 해.)

    Keep trying it until you succeed. (될 때까지 계속 해봐.)

    Keep talking! (계속 말해!)

    Someone keeps knocking on our door. (누가 계속 우리 집 문을 두드려.)

복습하기

1 I'll _____ __ _____ as I said before. : 전에 말한 대로 약속 지킬게.

2 I can hardly _____ __ ____ _____ . : 나는 내 눈을 뜨고 있기 힘들어.

3 Please, _____ __ _____. : 연락하고 지내자.

4 _____ _____ it until you succeed. : 될 때까지 계속 해봐.

5 _____ _____! : 계속 말해!

1 keep my promise **2** keep my eyes open **3** keep in touch **4** keep trying **5** keep talking

040강 만능 단어 'MIND'를 활용해 보자.

- **MIND**

  1. 마음
  2. 정신
  3. 이성
  4. 생각
  5. 머리
  6. 상관하다. / 꺼리다.
  7. 집중하다.

- **1. 마음**

  She has a closed mind. (그녀는 닫힌 마음을 가지고 있어.)

  Keep in mind. (명심해, 기억해둬.)

- **2. 정신**

  I was out of mind. (제 정신이 아니었어.)

- **3. 이성**

  I'm losing my mind. (이성을 잃어가.)

- **4. 생각**

  She was always on my mind. (그녀가 늘 생각났어.)

- **5**. 머리

    He has a brilliant mind. (걔 되게 똑똑해.)

- **6**. 상관하다. / 꺼리다.

    Do you mind if I smoke? (제가 담배 피는 거 꺼리세요? = 제가 담배 피는 거 상관있으세요?)

    주의 대답할 때

    No - 신경 쓰이지 않아. = 담배 피워도 괜찮아요.
    Yes - 신경이 쓰인다. = 담배피지 마세요.

    I don't mind. (신경 쓰이지 않아요.)

    Never mind. (신경 쓰지마.)

- **7**. 집중하다.

    Mind the gap. (틈에 집중 하세요 = 틈을 조심하세요.)

    Mind your own business. (당신의 일에나 집중하세요.)

복습하기

1 Keep ___ _____. : 명심해, 기억해둬.

2 I'm _____ __ _____. : 이성을 잃어가.

3 She was always ___ __ _____. : 그녀가 늘 생각났어.

4 ___ __ _____ if I smoke? : 제가 담배피는거 꺼리세요? = 제가 담배피는거 상관있으세요.

5 _____ __ _____. : 틈에 집중하세요 = 틈을 조심하세요.

1 in mind **2** losing my mind **3** on my mind **4** Do you mind **5** Mind the gap

041강 만능 단어 'MISS'를 활용해 보자.

- **MISS**

    1. 운송수단을 놓치다.
    2. 기회를 놓치다.
    3. 핵심을 놓치다. / 파악하지 못하다.
    4. 수업에 빠지다.
    5. 명단에서 빠지다.
    6. 장소에 못 가다.
    7. 장소를 지나치다.
    8. 식사를 건너뛰다.
    9. 사람 / 장소 / 시간을 그리워하다.

- **1. 운송수단을 놓치다.**

    Hurry up, or you'll miss the train. (서둘러. 그러다가 기차를 놓치겠어.)

- **2. 기회를 놓치다.**

    I missed the chance to see her. (그녀를 볼 기회를 놓치고 말았어.)

    Don't miss this great opportunity. (이 엄청난 기회를 놓치지 마.)

- **3. 핵심을 놓치다. / 파악하지 못하다.**

    Sometimes you miss the point. (가끔 너는 요점을 놓쳐.)

- **4. 수업에 빠지다.**

    I'm gonna miss my class. (나 수업을 빠질 거야.)

If you miss the class, you will fail. (수업을 빠지면 너는 낙제야.)

- **5. 명단에서 빠지다.**

    Don't miss my name out of your list. (네 리스트에서 날 빼놓으면 안 돼.)

- **6. 장소에 못 가다.**

    I don't want to miss the party. (나는 파티를 놓치고 싶지 않아.)

- **7. 장소를 지나치다.**

    There's a bus stop in front of this building. You can't miss it. (이 빌딩 앞에 버스 정류장이 있어요. 지나치지(=보지 못하지) 못할 거에요.)

- **8. 식사를 건너뛰다.**

    It's not a good idea to miss meals. (식사를 건너 뛰는 건 좋은 생각이 아니야.)
    I'm sorry you missed lunch. (점심을 건너 뛰었다니 안타까워.)

- **9. 사람 / 장소 / 시간을 그리워하다.**

    I still miss my ex-girlfriend. (나는 아직도 내 전 여자 친구가 보고 싶어.)
    I always miss my hometown. (나는 언제나 내 고향을 그리워해.)

복습하기

1 Hurry up, or you'll ___ __ ___. : 서둘러. 그러다가 기차를 놓치겠어.

2 Sometimes you ___ __ ___. : 가끔 너는 요점을 놓쳐.

3 I'm gonna ___ __ ___. : 나 수업을 빠질 거야.

4 I don't want to ___ __ ___. : 나는 파티를 놓치고 싶지 않아.

5 It's not a good idea to ___ ___. : 식사를 건너 뛰는 건 좋은 생각이야.

1 miss the train **2** miss the point **3** miss my class **4** miss the party **5** miss meals

042강 만능 단어 'EXPECT'를 활용해 보자.

- **EXPECT** : 어떤 일이 일어날 것을 상당한 근거를 가지고 믿고 기다.리다.
  1. EXPECT + SOMETHING : ~를 기대하다.
  2. EXPECT + TO + 동사 : ~할 것을 기대하다.
  3. EXPECT + SOMEONE / SOMETHING + TO : ~이 ~할 것을 기대하다.
  4. EXPECT + THAT + 주어 + 동사 : THAT 이하를 기대하다.

- **1. EXPECT + SOMETHING : ~를 기대하다.**

  What did you expect? (뭘 기대했어?)

  I expect the same from you. (나는 너에게 같은 것을 기대했어.)

- **2. EXPECT + TO + 동사 : ~할 것을 기대하다.**

  I will expect to see you on Sunday. (나는 널 일요일에 보기를 기대해.)

  We can't expect to learn English in a few months. (우리는 몇 달 안에 영어를 배우기를 기대해서는 안 된다.)

  I expect to return on December 10th. (나는 12월 10일에 돌아오기를 기대하고 있어.)

  I didn't expect to see you here. (나는 널 여기서 볼 줄은 몰랐어.)

  I didn't expect to win today. (나는 오늘 이길 줄 몰랐어.)

- **3. EXPECT + SOMEONE / SOMETHING + TO** : ~이 ~할 것을 기대하다.

    I expect him to come. (나는 그가 오기를 기대해.)

    I expect her to help me. (나는 그녀가 나를 도와주기를 기대해.)

    I expect the plan to go well. (나는 그 계획이 잘 되기를 기대해.)

    I didn't expect him to do it. (나는 그가 그것을 하기를 기대하지 않아.)

    I didn't expect her to call me. (나는 그녀가 나를 부르기를 기대하지 않아.)

- **4. EXPECT + THAT** + 주어 + 동사 : **THAT** 이하를 기대하다.

    I expect that he will come to the party. (나는 그가 파티에 오기를 기대해.)

    I expect it will rain at the weekend. (나는 주말에 비가 오길 기대해.)

    We didn't expect that many people would come. (우리는 많은 사람이 올 거라고 기대하지 않았다.)

    I didn't expect that. (나 그걸 기대하지 않았어.)

복습하기

❶ What did you _____? : 뭘 기대했어?

❷ I _____ __ return on December 10th. : 나는 12월 10일에 돌아오기를 기대하고 있어.

❸ I didn't _____ __ see you here. : 나는 널 여기서 볼 줄은 몰랐어.

❹ I _____ _____ __ help me. : 나는 그녀가 나를 도와주기를 기대해.

❺ I _____ _____ he will come to the party. : 나는 그가 파티에 오기를 기대해.

❶ expect ❷ expect to ❸ expect to ❹ expect her to ❺ expect that

043강 만능 단어 'LEAVE'를 활용해 보자.

- **LEAVE** :
  1. **LEAVE** + 장소 : 장소를 떠나다.
  2. **LEAVE** + **FOR** + 장소 : 장소로 떠나다.
  3. **LEAVE** + **SOMEONE** : 사람을 떠나다.
  4. **LEAVE** + **SOMETHING** : 업무나 일을 그만두다.
  5. **LEAVE** + **SOMETHING** : 사물을 맡기다.
  6. **LEAVE** + **SOMETHING** : 사물을 모르고 놔두다, 놓다.
  7. **LEAVE** + **SOMEONE** / **SOMETHING** : ~한 채로 가만 두다.
  8. **LEAVE** + **MESSAGE** / **A NOTE** : 메시지 / 메모를 남겨두다.

- **1. LEAVE** + 장소 : 장소를 떠나다.

  He left NY for London. (그는 런던으로 가기 위해 뉴욕으로 떠났어.)

- **2. LEAVE** + **FOR** + 장소 : 장소로 떠나다.

  He left for NY. (그는 뉴욕으로 떠났어.)

- **3. LEAVE** + **SOMEONE** : 사람을 떠나다.

  She left me. (그녀는 나를 떠났어.)

- **4. LEAVE** + **SOMETHING** : 업무나 일을 그만두다.

  The boy had to leave school. (그 소년은 학교를 떠나야 했어.)

  She is going to leave her job. (그녀는 그녀의 직장을 떠날 거야.)

- **5. LEAVE + SOMETHING** : 사물을 맡기다.

    I'll leave it to you. (내가 너에게 맡길게.)

    I left my baggage to a porter. (나는 내 짐을 짐꾼에게 맡겼어.)

- **6. LEAVE + SOMETHING** : 사물을 모르고 놔두다, 놓다.

    I think I left my phone in a taxi. (나는 택시에 내 핸드폰을 두고 내린 것 같아.)

    Don't leave your umbrella in the train. (기차에 우산을 두고 내리지 마세요.)

- **7. LEAVE + SOMEONE / SOMETHING** : ~한 채로 가만 두다.

    Leave me alone. (나를 혼자 가만히 둬.)

    Who left the door? (누가 문을 열어놨어?)

- **8. LEAVE + MESSAGE / A NOTE** : 메시지 / 메모를 남겨두다.

    Do you want to leave a message? (메세지를 남기시겠습니까?)

    He left a note for his son. (그는 그의 아들을 위해서 메모를 남겨두었어.)

복습하기

1 He _____ for NY. : 그는 뉴욕으로 떠났어.

2 The boy _____ ____ _____ school. : 그 소년은 학교를 떠나야 했어.

3 I'll _____ it to you. : 내가 너에게 맡길게.

4 _____ ____ _____. : 나를 혼자 가만히 둬.

5 _____ _____ your umbrella in the train. : 기차에 우산을 두고 내리지 마세요.

1 left **2** had to leave **3** leave **4** Leave me alone **5** Don't leave

044강 만능 단어 'MEAN'을 활용해 보자.

- **MEAN** :

    1. (동사) : 의미하다, ~라는 뜻이야
    2. (동사) : 특별한 의도를 가지다.
    3. (동사) : 계획하다, 작정하다.
    4. (형용사) : 못된, 비열한
    5. (명사) : 평균, 평균치

- **1**. (동사) : 의미하다, ~라는 뜻이야

    What do you mean? (무슨 뜻이야?)

    Do you mean two o'clock today? (오늘 2시라는 말이야?)

    Do you mean you met her? (그녀를 만났단 말이야?)

    I'm sorry, I mean, I still don't get it. (미안해, 말하자면, 나 아직 잘 모르겠어.)

- **2**. (동사) : 특별한 의도를 가지다.

    I mean it. (나는 진심이야. / 진짜라니까.)

    I didn't mean it. (일부러 그런 게 아니었어.)

    I didn't mean to hurt you. (일부러 당신 상처주려고 한건 아니었어.)

- **3**. (동사) : 계획하다.

    I mean to stay here for a week. (1주일간 머물 작정이야.)

    I mean to call her tonight. (오늘 밤 그녀에게 전화할 작정이야.)

- **4**. (형용사) : 못된, 비열한

    You are so mean. (너 정말 못됐구나.)

    Don't be so mean to your brother. (동생한테 못되게 굴지마.)

- **5**. (명사) : 평균, 평균치 / 중도

    Find the mean of two numbers, 12, 18. (두 숫자의 평균을 구하라, 12, 18.)

복습하기

1 Do you _____ two o'clock today? : 오늘 2시라는 말이야?

2 I'm sorry ____ _____, I still don't get it. : 미안해, 말하자면, 나 아직 잘 모르겠어.

3 I didn't _____ ___ hurt you. : 일부러 당신 상처주려고 한건 아니었어.

4 I _____ ___ call her tonight. : 오늘 밤 그녀에게 전화할 작정이야.

5 You are ____ _____. : 너 정말 못됐구나.

1 mean **2** I mean **3** mean to **4** mean to **5** so mean

045강 만능 단어 'LAST'를 활용해 보자.

- **LAST** :

    1. THE + LAST (순서) : 마지막의
    2. LAST (시간) : 과거에 지난
    3. 지속되다.
    　주의 특정 상태나 동작, 진행이 그치지 않고 계속되는 의미의 **continue** 와 구별할 것.
    4. 결정적인

- **1. THE + LAST** (순서) : 마지막의

    Who wants the last piece of cake? (마지막 남은 케익 먹을 사람?)
    This is the last time I try calling her. (그녀에게 전화하는 거 이번이 마지막이야.)
    at the last minute. (마지막에)
    We changed our plans at the last minute. (마지막에 우리는 계획을 바꿔버렸다.)

- **2. LAST** (시간) : 과거에 지난

    I drank too much last night. (어젯밤 너무 과음했어.)
    I went there last year. (작년에 거기 갔었어.)
    He started his new job last week. (그는 지난 주에 새 일을 시작했어.)

- **3. 지속되다.**

    It will last a long time. (오래 갈 거예요.)

    How long does the play last? (이 경기가 얼마나 지속되나요?)

    How long does the play continue? (이 경기가 얼마나 끊임없이 지속되나요?)

- **4. 결정적인**

    He always has the last word (그는 항상 결정적인 말을 해.)

복습하기

1 Who wants _____ _____ piece of cake? : 마지막 남은 케익 먹을 사람?

2 I drank too much _____ _____. : 어젯밤 너무 과음했어.

3 He started his new job _____ _____. : 그는 지난 주에 새 일을 시작했어.

4 How long does the play _____ ? : 이 경기가 얼마나 지속되나요?

5 He always has the _____ _____ : 그는 항상 결정적인 말을 해.

1 the last **2** last night **3** last week **4** last **5** last word

046강 만능 단어 'BREAK'를 활용해 보자.

- **BREAK** :
  1. 부수다.
  2. (신체가) 부러지다.
  3. (기계 등이) 고장나다.
     주의 주로 수동태로 쓴다 : be broken
  4. (세계 기록을) 깨다.
  5. (관계나 사이를) 깨다.
  6. (어색한 분위기를) 깨다.
  7. (지폐를 잔돈으로) 깨다. 바꾸다.
  8. (법을) 어기다.
  9. (약속을) 어기다.
  10. (나쁜 소식을) 알리다.
  11. 휴식 (잠시 쉼)

- **1. 부수다.**

  He is trying to break the door. (그는 문을 부수려고 하고 있어.)

- **2. (신체가) 부러지다.**

  I broke my leg in the car accident. (나는 차 사고에서 다리가 부러졌어.)

- **3. (기계 등이) 고장나다. : be broken**

  My computer is broken. (내 컴퓨터가 고장났어.)

- **4. (세계 기록을) 깨다.**

  He wanted to break the world record. (그는 세계 기록을 깨고 싶어해.)

- **5. (관계나 사이를) 깨다.**

  I decided to break up with her. (나는 그녀와 헤어지기로 결정했어.)

- **6. (어색한 분위기를) 깨다.**

  break the ice (분위기를 띄우다.)

- **7. (지폐를 잔돈으로) 깨다. 바꾸다.**

  Can you break this dollar? (이 달러를 잔돈으로 바꿀 수 있을까?)
  Can you break a hundred? (이 백 달러를 잔돈으로 바꿀 수 있을까?)

- **8. 법을 어기다.**

  I never break the law. (나는 절대로 법을 어기지 않아.)

- **9. 약속을 어기다.**

  It was you who broke our promise. (우리의 약속을 어긴 것은 당신이야.)

- **10. 나쁜 소식 / 속보를 알리다.**

  The doctor had to break the news to her. (의사는 그녀에게 나쁜소식을 알려야 했어.)

- **11. 휴식, 잠시 쉼**

  Spring break always starts in March. (봄 방학은 언제나 3월에 시작해.)
  Let's take a break. (쉬는 시간을 가지자.)
  Give me a break. (그만 좀 해. 내버려 둬. 좀 봐줘.)

복습하기

❶ He is trying to _____ _____ _____ . : 그는 문을 부수려고 하고 있어.

❷ I _____ _____ _____ in the car accident. : 나는 차 사고에서 다리가 부러졌어.

❸ I decided to _____ _____ with her. : 나는 그녀와 헤어지기로 결정했어.

❹ It was you who _____ _____ _____ . : 우리의 약속을 어긴 것은 당신이야.

❺ _____ _____ always starts in March. : 봄 방학은 언제나 3월에 시작해.

❶ break the door ❷ broke my leg ❸ break up ❹ broke our promise ❺ Spring break

047강 만능 단어 'CLOSE'를 활용해 보자.

- **Close** :
  1. 영업이 끝나다.
  2. 일시적으로 닫다.
  3. 폐쇄하다.
  4. 거리가 가까운
  5. 사이가 친한
  6. ~할 뻔한

- **1. 영업이 끝나다.**

    What time do you close? (몇 시에 닫나요?)

- **2. 일시적으로 닫다.**

    Could you please close the door? (문을 좀 닫아주시겠어요?)

- **3. 폐쇄하다.**

    This road was closed to traffic for a week. (이 길은 일주일 동안 폐쇄되었었다.)

    The bridge was closed for painting. (이 다리는 페인트칠을 하기 위해 폐쇄되었었다.)

- **4. 거리가 가까운**

    My school is close to my house. (학교는 우리집에서 가까워.)

    Don't come too close. (너무 가까이 오지 마세요.)

    Keep close to my side. (내 쪽에 가까이 계세요.)

    They sat close together. (그들은 서로 가깝게 앉았어.)

- **5. 사이가 친한**

    I am not really close to him. (저는 그랑 그렇게 가깝지 않아요.)

- **6. ~할 뻔한**

    That was close. (아슬아슬했어.)

    He is close to death. (그는 죽음에 가까워.)

    She was close to tears. (그 여자 거의 울먹였어.)

복습하기

❶ That was _____ . : 아슬아슬했어.

❷ Could you please _____ _____ _____ ? : 문을 좀 닫아주시겠어요?

❸ I am not really _____ _____ him. : 저는 그랑 그렇게 가깝지 않아요.

❹ They sat _____ _____ . : 그들은 서로 가깝게 앉았다.

❺ This road _____ _____ ____ traffic for a week. : 이 길은 일주일 동안 폐쇄되었다.

❶ close ❷ close the door ❸ close to ❹ close together ❺ was closed to

048강 만능 단어 'OPEN'을 활용해 보자.

- **Open** :
    1. (동사) 열다.
    2. (동사) 영업을 시작하다.
    3. (동사) 개막하다.
    4. (동사) 책을 펴다.
    5. (동사) 편지를 뜯다.
    6. (동사) 계좌를 만들다.
    7. (형용사) 열린, 영업을 하는
    8. (형용사) 개방된, 무료인
    9. (형용사) 받아들일 수 있는
    10. (형용사) 꽃이 만개한

- **1. 열다.**
  Could you please open the window? (창문을 열어주시겠어요?)

- **2. 영업을 시작하다.**
  What time do you open today? (오늘 몇 시에 영업 시작하세요?)

- **3. 개막하다.**
  When does the play open? (경기가 언제 개막하나요?)

- **4. 책을 펴다.**
  Open your books at page 15. (책에 15페이지를 열어주세요.)

- **5. 편지를 뜯다.**
  I opened the mail. (나는 편지를 열었다.)

- **6. 계좌를 만들다.**

    I'd like to open a bank account. (은행계좌를 만들고 싶은데요.)

- **7. 열린, 영업을 하는**

    We're open till 6 o'clock. (우린 6시까지 영업을 해.)

    This restaurant is open during the daytime. (그 레스토랑은 낮 시간에 영업을 해.)

- **8. 개방된, 무료인**

    The palace is now open to the public. (그 성은 이제 대중에게도 개방이 됩니다.)

- **9. 받아들일 수 있는**

    We are open to all suggestions. (우리는 모든 제안을 받아들입니다.)

    The price is open to negotiation. (그 가격은 절충을 받아들입니다.)

- **10. 꽃이 만개한**

    The flowers are all open. (꽃들이 만개해.)

복습하기

1 Could you please _____ ____ _____ ? : 창문을 열어주시겠어요?

2 I'd like to _____ __ _____ _____ . : 은행계좌를 만들고 싶은데요.

3 We ____ _____ till 6 o'clock. : 우린 6시까지 영업을 합니다.

4 This restaurant ____ _____ during the daytime. : 그 레스토랑은 낮 시간에 영업을 합니다.

5 The price ____ _____ ___ negotiation. : 그 가격은 절충을 받아들입니다.

1 open the window **2** open a bank account **3** are open **4** is open **5** is open to

049강 만능 단어 'LIKE'를 활용해 보자.

- **LIKE** :

    1. 좋아하다. / 마음에 들어 하다.   **2. WOULD + LIKE** : ~하고 싶다.
    3. (생김새나 성격, 성질 등) ~와 같은, 비슷한
    4. (기분이) ~한 것 같은   **5.** 그렇게, 그런 식으로

- **ALIKE** : 1. 비슷한

    주의 뒤에 명사는 못 온다.

- **LIKELY** : 가능성이 있는, 예상되는

    주의 뒤에 명사가 온다.

- **1. 좋아하다. / 마음에 들어 하다.**

    I like your hair style. (나 네 헤어스타일 좋아해.)

    I don't like reading. (나는 읽는 걸 싫어해.)

- **2. ~하고 싶다.**

    I would like some coffee. (나는 커피 마시고 싶어.)

- **3. (생김새나 성격, 성질 등) ~와 같은, 비슷한**

    I knew someone like you. (나 너와 같은 사람을 알아.)

    This wallet feels like leather. (이 지갑은 가죽 같다.)

    He's like his father. (그는 그의 아버지 같다.)

- **4. (기분이) ~한 것 같은**

  It feels like rain. (비가 올 것 같아.)

- **5. 그렇게, 그런 식으로**

  Don't look at me like that. (나를 그런 식으로 쳐다 보지 마.)

  Just do it like that. (그건 그렇게 해.)

- **ALIKE** 형 비슷한(뒤에 명사는 못 온다.)

  = He is alike his father. (X)

  The twins are so alike. (그 쌍둥이는 비슷하다.)

  Their ideas are alike. (그들의 아이디어는 비슷하다.)

- **LIKELY** 형 가능성이 있는, 예상되는

  It's likely to rain soon. (곧 비가 올 것 같아.)

  Tickets are likely to be expensive. (티켓은 비쌀 거야.)

  The movie will likely come out this April. (아마도 그 영화는 이번 4월에 나올 거야.)

복습하기

1 I _____ your hair style. : 나 네 헤어스타일 좋아해.

2 I knew someone _____ you. : 나 너와 같은 사람을 알아.

3 The twins are so _____ . : 그 쌍둥이는 비슷하다.

4 Tickets are _____ to be expensive. : 티켓은 비쌀 것이다.

5 The movie wil _____ come out this April. : 아마도 그 영화는 이번 4월에 나올 것이다.

1 like **2** like **3** alike **4** likely **5** likely

050강 만능 단어 'LIVE'를 활용해 보자.

- **LIVE** :

    1. 거주하다. 2. (특정한 방식으로) 생활하다. 3. ~로 살다, 생존하다. (on)
    4. (이전에) 시대 사람이다. 5. (형용사) 생중계의 6. (형용사) 살아있는 동물 : LIVE

    주의 주로 '살아있는 동물'을 의미할 때 쓰는 표현일 때 'LIVE'를 사용한다. 사람에게는 'LIVE'라는 표현을 하지 않는다.

    7. (형용사) 살아있는 사람 : LIVING

    주의 '살아있는 사람'을 표현할 때는 'LIVING'이라는 표현을 쓴다.

- **ALIVE** : 살아있는, 활기를 띄는, 되살아나는, 연명한

    주의 뒤에 명사는 못 온다.

- **1. 거주하다.**

    I live in Busan. (나는 부산에 거주해.)

- **2. (특정한 방식으로) 생활 하다.**

    We live a life of ease. (안락한 삶을 살고 있어.)
    She lives a life of luxury. (그녀는 럭셔리한 삶을 살고 있어.)

- **3. ~로 살다, 생존하다. (on)**

    It's hard to live on my salary. (내 연봉으로 사는 건 힘들어.)
    We live on a pension. (연금으로 살고 있어.)

- **4.** (이전에) 시대 사람이다.

    When did Edison live? (Edison은 어느 시대 사람이지?)

- **5.** (형용사) 생중계의

    We watched a live broadcast of the concert. (우리는 콘서트 생중계 방송을 봤어.)

- **6.** (형용사) 살아있는 동물 : **LIVE**

    In the kitchen there's a live mouse. (주방에 살아있는 쥐가 있어.)

- **7.** (형용사) 살아있는 사람 : **LIVING**

    She is a living legend of opera. (그녀는 살아있는 오페라의 전설이야.)

    유사한 표현도 알아두자

- **ALIVE** : 살아있는, 활기를 띄는, 되살아나는, 연명한 (뒤에 명사는 못 온다.)

    = I saw an alive mouse in the street. (X)

    He is still alive. (그는 아직 살아있어.)

    The game came alive in the second half. (그 경기는 후반전에 들어 활기를 띄었어.)

    She came alive when he showed up. (그녀는 그가 나타났을 때 활기를 띄었어.)

    I want you to stay alive. (나는 당신이 살아남기를 바래.)

복습하기

1 We _____ a life of ease. : 안락한 삶을 살고 있어.

2 We _____ ___ a pension. : 연금으로 살고 있어.

3 In the kitchen there's ___ _____ _____ . : 주방에 살아있는 쥐가 있다.

4 The game came _____ in the second half. : 그 경기는 후반전에 들어 활기를 띄었어.

5 I want you to _____ _____ . : 나는 당신이 살아남기를 바래.

1 live **2** live on **3** a live mouse **4** alive **5** stay alive

알아두면 쓸모있는 영어회화 잡학사전

회화 할 때 의미 구별이 혼동되는 단어정리

3

051강 의미가 혼동되는 단어 구별하기
(be / get)

- **BE** : 이미 확실한 상태를 말한다. (이미 ~이다.)
- **GET** : 어떤 상황에 따라 변화되어지는 상태를 말한다. (~하게 되다, ~해졌다.)

  주의 **get** 다음에 형용사가 오거나, 형용사 비교형 혹은 **get**을 진행형으로 쓰기도 한다.

- < **BE** 동사와 **GET** 동사 의미 구별 비교 >

  She is angry with him. (그녀는 그 사람한테 '이미' 화 나 있어.)
  She got angry with him. (그녀가 그 사람 때문에 화가 나게 됐어. - 상태의 변화)

  We are close. (우리는 '이미' 가까워.)
  We got close(r) after the party. (우리는 그 파티 이후에 점점 가까워졌어. - 상태의 변화)

  It is cold in December. (12월에는 '늘 그렇듯이' 추워.)
  Hurry up before it gets cold. (추워지기 전에 서둘러. - 상태의 변화)
  It is getting cold(er) these days. (요즘 날씨가 점점 더 추워져. - 상태의 변화)

  It is dark here. (여기는 '이미' 어두워.)
  Let's go home before it gets dark. (어두워지기 전에 집에 가자. - 상태의 변화)
  It is getting dark outside. (밖이 점점 더 어두워지네. - 상태의 변화)

She is married. (그녀는 '이미' 유부녀야.)

She got married. (그녀는 결혼하게 됐어. - 상태의 변화)

He is divorced. (그는 '이미' 이혼남이야.)

He got divorced as soon as he got married. (그는 결혼하자마자 이혼하게 됐어. - 상태의 변화)

They were married for 50 years. (그들은 '이미' 50년째 결혼 생활하고 있어.)

He got married eight times. (그는 8번 결혼했어. - 상태의 변화)

복습하기

1 Let's go home before it ___ dark. : 어두워지기 전에 집에 가자.

2 It ___ cold in December. : 12월에는 추워.

3 She _____ married. : 그녀는 결혼하게 됐어.

4 We _____ closer after the party. : 우리는 그 파티 이후에 점점 가까워졌어.

5 They _____ married for 50 years. : 그들은 50년째 결혼 생활하고 있어.

1 gets **2** is **3** got **4** got **5** were

052강 의미가 혼동되는 단어 구별하기
(bring / take)

- **BRING** + 사물 / 사람 : 말하는 사람 쪽으로 '가져 오다. / 데리고 오다.'
- **TAKE** + 사물 / 사람 : 다른 장소로 '가져 가다. / 데리고 가다.'

- **BRING** : 말하는 사람 쪽으로 '물건을 가져 오다. / 사람을 데리고 오다.'

- **TAKE** : 다른 장소로 '물건을 가져 가다. / 사람을 데리고 가다.'

Bring your camera, please. (카메라 좀 가져 와.)
Take your camera, please. (카메라 좀 가져 가.)

Bring your mother, please. (어머니 좀 모시고 와.)
Take your mother, please. (어머니 좀 모시고 가.)

Don't forget to bring the umbrella. (우산 가져오는 거 잊지 마.)
Don't forget to take the umbrella. (우산 가져가는 거 잊지 마.)

I have to bring some food. (음식 가져와야 해. (듣는 사람에게 가져 옴))
I have to take some food. (음식 가져가야 해. (듣는 사람으로부터 가져 감))

I'll bring my friend next time. (다음에는 내 친구 데리고 올게.)
I'll take my friend to the party next time. (다음 파티에는 내 친구 데려갈래.)

I want to bring my pet. (애완 동물을 동반하고 싶어.)

Would you bring me just one more? (한 잔 더 주시겠어요?)

When will you bring it back? (언제 돌려주실 거죠?)

Let's bring her to the stage. (무대로 그녀를 모시겠습니다. (우리가 무대에 이미 있음.))

Take me with you some time. (언제 나도 좀 데려가.)

Let's take some food. (음식 가져가자. (목적 장소에는 내가 아직 없음.))

복습하기

1 _____ your mother, please. : 어머니 좀 모시고 와.

2 Don't forget to _____ the umbrella. : 우산 가져가는 거 잊지 마.

3 Let's ___ her to the stage. : 무대로 그녀를 모시겠습니다.

4 I'll _____ my friend next time. : 다음에는 내 친구 데리고 올게.

5 _____ your camera, please. : 카메라 좀 가져 가.

6 I have to _____ some food. : 음식 가져가야 해.

7 Would you _____ me just one more? : 한 잔 더 주시겠어요?

8 Let's _____ some food. : 음식 가져가자. : 목적 장소에는 내가 아직 없음

9 _____ me with you some time. : 언제 나도 좀 데려가.

10 When will you _____ it back? : 언제 돌려주실 거죠?

1 Bring **2** take **3** bring **4** bring **5** Take **6** take **7** bring **8** take **9** Take **10** bring

053강 의미가 혼동되는 단어 구별하기
(감각동사 : look / sound / feel / smell / taste)

- **LOOK** : 관찰을 통해서 보이다. (~처럼 보이다.)
- **SOUND** : 다른 물체나 소리 내용 자체가 들리다. (~로 들리다.)
- **FEEL** : 단순히 감정이나 기분 상태가 느껴지다. (~하게 느끼다.)
- **SMELL** : ~한 냄새가 나다.
- **TASTE** : ~한 맛이 나다.
- **SEEM** : 여러 정황을 파악하여 추측해 느껴지다. (해석은 듣다. 보다. 둘 다 가능 / 감각동사는 아님)

- **LOOK** (~처럼 보이다.)

  You look busy. (너 바빠 보여.)

  He looks upset. (그 사람 화난 것처럼 보여.)

  You look about ten-years old. (너 10살쯤 되어 보여.)

- **SOUND** (~로 들리다.)

  It sounds great. (괜찮은데. (좋게 들리는데))

  The story sounds weird. (그 얘기 이상하게 들려.)

  It sounds similar to our song. (우리 노래하고 비슷하게 들리는데.)

- **FEEL** (~하게 느끼다.)

  I feel cold. (춥네.)

  I feel so alone. (너무 외로워.)

  I felt guilty about lying. (거짓말 하는 거 양심에 걸렸어.)

- **SMELL** (~한 냄새가 나다.)

  This fish smells bad. (이 생선 냄새가 이상한데.)

  Your perfume smells nice. (네 향수 냄새가 좋아.)

  It smells terrible. (정말 지독하네.)

- **TASTE** (~한 맛이 나다.)

  This salad tastes delicious. (이 샐러드 맛있어.)

  This apple tastes sweet. (이 사과 달콤한데.)

- **SEEM** (~처럼 보이다.)

  It seems strange. (이상한 거 같아. 이상하게 (들려 / 보여).)

  He seems very polite. (그 사람 매우 예의발라 보여.)

복습하기

❶ He _____ upset. : 그 사람 화난 것처럼 보여.

❷ This fish _____ bad. : 이 생선 냄새가 이상한데.

❸ I _____ guilty about lying. : 거짓말 하는 거 양심에 걸렸어.

❹ The story _____ weird. : 그 얘기 이상하게 들려.

❺ This salad _____ delicious. : 이 샐러드 맛있어.

❶ looks ❷ smells ❸ felt ❹ sounds ❺ tastes

054강 의미가 혼동되는 단어 구별하기
(감각동사에 **like**를 붙이기)

- **LOOK LIKE** + 명사 / 문장 : ~ 인 것처럼 보이다. (사실 판단)
- **SOUND LIKE** + 명사 / 문장 : ~인 것처럼 들리다.
- **FEEL LIKE** + 명사 / 문장 : ~인 것처럼 느끼다. / ~ 하고 싶다.
- **SMELL LIKE** + 명사 / 문장 : ~인 것처럼 냄새나다.
- **TASTE LIKE** + 명사 / 문장 : ~인 것처럼 맛나다.

- **LOOK LIKE** (~인 것처럼 보이다.)

  She looks like her mother. (그 여자는 (외모가) 엄마처럼 보여.)

  He looks like a policeman. (그 사람 경찰관 같아.)

  It looks like she has a problem. (그 여자 문제 있는 것 같아.)

  It looks like it's going to rain. (비 올 것 같아.)

- **SOUND LIKE** (~인 것처럼 들리다.)

  It sounds like fun. (재미있겠는데. (재미있게 들리는데))

  Her voice sounds like thunder. (그 여자애 목소리 천둥처럼 들려.)

  It sounds like it's for you. (너를 위한 것처럼 들리는데.)

- **FEEL LIKE** (~인 것처럼 느끼다. / ~하고 싶다.)

    It feels like spring. (봄 같아요.)

    I feel like walking tonight. (오늘 밤 걷고 싶어.)

    I feel like I'm flying. (날아갈 듯 한 기분이야.)

- **SMELL LIKE** (~인 것처럼 냄새나다.)

    You smells like a flower. (너 꽃향기가 나아.)

    It smells like someone is cooking downstairs. (아랫집에서 누가 요리하는 것 같은데.)

- **TASTE LIKE** (~인 것처럼 맛나다.)

    It tastes like chicken. (닭고기 맛이 나는데.)

    It tastes like chocolate. (초코렛 맛이 나는데.)

복습하기

1. It _____ _____ chicken. : 닭고기 맛이 나는데.

2. You _____ _____ a flower. : 너 꽃향기가 나아.

3. Her voice _____ _____ thunder. : 그 여자애 목소리 천둥처럼 들려.

4. It _____ _____ spring. : 봄 같아요.

5. It _____ _____ it's going to rain. : 비 올 것 같아.

1 tastes like 2 smells like 3 sounds like 4 feels like 5 looks like

055강 의미가 혼동되는 단어 구별하기
(사역동사 : let / make / have / get / help)

- **LET** : (부탁이나 간청에 대해서)~하도록 허락하다. / ~하게 내버려 두다.

- **MAKE** : (상대방의 의견을 고려하지 않고)~하게 만들다. / 시키다.

- **HAVE** : ~하도록 하다. (부탁 / 요구) : 누구를 시키다.

   주의 사역동사는 주로 **let, make, have** 동사를 말한다.

- **GET** : (부탁 / 요청) : 조심스럽게 부탁하다.

   주의 **get** 동사는 의미는 사역동사와 같으나, 사역동사 범주에는 들지 않고 '**get** + 사람 + **to** 부정사'로 뒤에 반드시 '**to** 부정사'가 와야 함을 알아두자.

- **HELP** (TO) : 돕다.

   주의 **help** 동사는 의미는 사역동사와 같으나, 사역동사 범주에는 들지 않고 '**help** + 사람 + **to** 부정사'혹은 '**help** + 사람 + 동사원형'으로 둘 다 쓴다.

- **LET**

   I let him go. (그가 (원해서) 가게 했어.)

   My friend let me use his laptop. (내 친구는 내가 그의 노트북을 쓰게 했어.)

- **MAKE**

   My father make me wash my hands. (내 아버지는 내가 손을 씻게 하셨어.)

   I made him go. ((내 마음대로) 그가 가게 했어.)

- **HAVE**

    I cut my hair. (내가 머리를 잘랐어. : 직접)

    I had my hair cut. (나 머리 잘랐어. : 누군가를 시켜서)

    She had the computer fixed. (그녀는 컴퓨터를 고쳤어. : 누군가를 시켜서)

    I will have it done. (내가 처리할게. : 누군가를 시켜서)

- **GET**

    I got my wife to make me lunch. (부인에게 점심을 싸도록 부탁했어.)

- **HELP**

    She helped me carry my suitcase. (그녀는 내가 캐리어 드는 것을 도와줬어.)

    She helped me to carry my suitcase. (그녀는 내가 여행 가방을 나르는 것을 도와주었어.)

복습하기

1 My friend _____ me use his laptop. : 내 친구는 내가 그의 노트북을 쓰게 냅뒀어.

2 I _____ my wife to make me lunch. : 부인에게 싸달라고 했어.

3 She _____ me carry my suitcase. : 그녀는 내가 캐리어 드는 것을 도와줬어.

4 I _____ my hair cut. : 나 머리 잘랐어.(누군가를 시켜서)

5 I will _____ it done. : 내가 처리할게.(누군가를 시켜서)

1 let **2** got **3** helped **4** had **5** have

056강 의미가 혼동되는 단어 구별하기
(can / could / could)

- **CAN** : 할 수 있다. (현재 가능한 상태)

  주의 **be able to** : 'can'과 동일 의미를 갖지만, 엄밀히 말해 어렵거나 특수한 상황에서 가까스로 해낼 수 있거나 결국, 기어이 해냈다'라는 결론의 의미가 강하다.

- **COULD** : 할 수 있었다. (과거 가능한 상태로 보통 'can'의 과거형의 의미이다.)

  주의 했는지 못 했는지 결론은 모른다는 의미이다. 주로 같이 붙는 단서에 따라 결론적으로 했는지, 그럼에도 못했는지 알 수 있다.(**could**와 **be able to** 구별)

- **COULD** : 할 수 있을 것이다. (미래 가능한 상태로 보통 'can'의 미래형의 의미이다.)

- **<CAN - COULD - COULD 의미 구별>**

  I can finish my job. (나는 내 일을 끝낼 수 있어.)

  I could finish my job. (나는 내 일을 끝낼 수 있었는데. : 과거인지 미래인지 확실한 문장이 아니다.)

  I thought I could finish my job.(나는 내 일을 끝낼 수 있을 것 같았는데. : can의 과거)

  We could try if you want. (네가 원하면 우리는 한 번 해볼 수 있어. : can의 미래)

- **COULD** (CAN의 과거)

  I could finish my job. (내 일을 끝낼 수 있었어 : 그러나 끝냈다는 얘기인지 못 끝냈다는 얘기인지는 확실치 않음. 결론은 모름.)

  I lived near the beach. So I could swim everyday. (나는 바닷가 근처에 살았어. 그래서 난 매일 수영을 할 수 있었어.)

I lived in Canada. So I could speak English. (나는 캐나다에 살아서 영어를 할 수 있었어.)

- **WAS ~ / WERE ABLE TO** (CAN의 과거)

    I was able to finish my job. (겨우 내 일을 끝낼 수 있었어 : 결론적으로 했음-겨우, 어떻게든, 기어이)

    The traffic jam was so terrible. But I was able to reach my office on time. (교통상황이 너무 안 좋았지만, 나는 제 시간에 회사 출근할 수 있었어.)

    The test was so difficult, but I was able to pass it. (시험이 너무 어려웠지만 나는 패스할 수 있었어.)

- **COULD** (CAN의 미래)

    You could work again. (너 다시 일 할 수 있을 거야.)

    I could do it tomorrow, if you want. (네가 원한다면 나 그거 내일 할 수도 있어.)

    He could deliver his presentation for hours. (그는 몇 시간이고 발표할 수 있을 거야.)

    Nothing could be done without him. (그 사람 없이는 아무것도 할 수 없을 거야.)

복습하기

1 I _____ finish my job. : 나는 내 일을 끝낼 수 있었는데.

2 I lived near the beach. So I _____ swim everyday. : 나는 바닷가 근처에 살았어. 그래서 난 매일 수영을 할 수 있었어.

3 The traffic jam was so terrible. But I ____ _____ ___ reach my office on time. : 교통상황이 너무 안 좋았지만, 나는 제 시간에 회사 출근할 수 있었어.

4 I _____ do it tomorrow, if you want. : 네가 원한다면 나 그거 내일 할 수도 있어.

5 I thought I _____ finish my job. : 나는 내 일을 끝낼 수 있을 것 같았는데.

1 could **2** could **3** was able to **4** could **5** could

057강 의미가 혼동되는 단어 구별하기
(will / would / would)

- **WILL** : 할 것이다. (단순한 미래의 의미지만 어느 정도 실현가능성이 있다.)

- **WOULD** : 하곤 했었다. (과거의 반복적이거나 습관적인 표현이며 'will'의 과거형의 의미이다.)

- **WOULD** : 할 것이다. (과거 어느 시점에서 미래를 말할 때 쓰는 표현이며 'will'의 미래형의 의미이다.)

- **WOULD** : 아마 ~ 할 것이다. (말하는 시점에서 미래를 말할 때 쓰는 표현이며 'will'의 미래형의 의미이다.)

- **<WILL - WOULD - WOULD 의미 구별>**

  I will go to church. (나는 교회에 갈 거야.)

  I would go to church. (이 문장만으로는 과거인지 미래인지 확실한 문장이 아니다.)

  I would go to church with my family when I was young. (나는 어렸을 때 가족들과 교회에 가고는 했어. : 반복적 과거)

  I would go to church with my family if I have a chance. (나는 기회가 되면 가족과 교회 가게 될 거야. : 미래)

- **WOULD** (과거의 반복적인 의미 - WILL의 과거)

  I would go to church with my family when I was young. (어렸을 때 가족들과 교회 가곤 했었어.)

  Every summer, I would visit my grandma for a week. (매 여름마다 나는 일주일간 할머니 댁에 머무르곤 했었어.)

- **WOULD** (과거 어느 시점에서 미래를 말할 때 - **WILL**의 미래)

  I thought it would rain today. (오늘 비가 올 거 같았어.)
  I told him I would try my best. (나는 최선을 다할 거라고 그에게 말했어.)

- **WOULD** (현재 말하는 시점에서 미래를 말할 때 - **WILL**의 미래)

  It would be better to wait here until this evening. (오늘 오후까지 여기 머무르는 게 아마 나을 거야.)
  Your trip would be dangerous. (네 여행 아마 위험할 텐데.)

복습하기

1 I _____ __ __ church with my family when I was young. : 나는 어렸을 때 가족들과 교회에 가고는 했다.

2 I _____ __ __ church with my family if I have a chance. : 기회가 되면 가족과 교회 가게 될 거야.

3 Every summer, I _____ _____ my grandma for a week. : 매 여름마다 나는 일주일간 할머니 댁에 머무르곤 했었어.

4 I thought it _____ _____ today. : 오늘 비가 올 거 같았어.

5 It _____ __ _____ to wait here until this evening. : 오늘 오후까지 여기 머무르는 게 아마 나을 거야.

1 would go to **2** would go to **3** would visit **4** would rain **5** would be better

058강

의미가 혼동되는 단어 구별하기
(How many / How much / How old / How soon / How late / How often / How long / How far / How dare / How come / How about)

- **HOW MANY** : 뒤에 셀 수 있는 명사 (people / tickets / times 등) 가 온다.

- **HOW MUCH** : 뒤에 셀 수 없는 명사 (money / time 등) 가 온다.

- **HOW OLD** : 뒤에 사람이 올 경우는 '몇 살'의 의미이고 사물이 오면 '몇 년'의 의미이다.

- **HOW SOON** : '얼마나 빨리, 언제쯤'의 의미이다.

- **HOW LATE** : '얼마나 늦은, 몇 시까지'의 의미이다.

- **HOW OFTEN** : '얼마나 자주' 의 의미이다.

- **HOW LONG** : '얼마나 걸리나요?' 라는 의미로써 주로 '시간'을 물어볼 때 쓴다.

- **HOW FAR** : '얼마나 머나요?' 라는 의미로써 주로 '거리'를 물어볼 때 쓴다.

- **HOW DARE** : '어떻게 감히'의 의미이다.

    주의 의문사 'HOW'가 있지만 뒤에는 '주어+동사'형태로 평서문으로 배열한다.

    = How dare do you say such a thing? (X) (어떻게 감히 그런 말을 할 수 있어?)
    = How dare you say such a thing? (O) (어떻게 감히 그런 말을 할 수 있어?)

- **HOW COME** : '어떻게 / 왜'처럼 주로 '이유'를 물어볼 때 쓴다.

    주의 'How come'은 물어보는 문장이지만, 뒤에 문장 배열이 의문문처럼 주어와 동사를 도치하지 않고 '주어+동사'로 그냥 평서문처럼 써 준다.

    = How come were you so late? (X) (어떻게 이렇게 늦었어?)
    = How come you were so late? (O) (어떻게 이렇게 늦었어?)

- **HOW ABOUT** : '~하는 게 어때?' 라는 권유의 의미이다.

  주의 How about 뒤에는 주로 명사 / 명사형이 온다.

  = **How about next time**? (다음 시간은 어때?)

  = **How about taking the subway**? (지하철을 타는 건 어때?)

- **HOW MANY**

  How many people were there? (몇 명의 사람이 거기에 있었나요?)

  How many tickets do you want? (몇 개의 티켓을 원하시나요?)

  How many times did you call her yesterday? (어제 몇 번이나 그녀에게 전화했어?)

- **HOW MUCH**

  How much is it? (얼마에요?)

  How much did it cost? (그거 얼마나 들었어?)

  How much money do you need? (얼마나 돈이 필요해?)

  How much time do you spend with your children? (얼마의 시간을 당신의 아이들과 보내요?)

- **HOW OLD**

  How old is she? (그녀는 몇 살인가요?)

  How old is this building? (이 건물은 몇 년이 되었나요?)

- **HOW SOON**

  How soon can I get the order? (주문한 거 받는데 얼마나 걸리나요?)

  How soon can you make it? (오는데 얼마나걸려?)

- **HOW LATE**

    How late do you open today? (오늘 몇 시까지 여나요?)

    How late are you going to be? (얼마나 늦을 것 같아요?)

- **HOW OFTEN**

    How often is a train to Washington available? (워싱턴으로 가는 기차는 얼마나 자주 오나요?)

    How often should I take this pill? (얼마나 자주 제가 이 약을 먹어야 하나요?)

- **HOW LONG**

    How long will it take to London? (런던까지 얼마나 걸리나요?)

    How long will it take to fix my car? (제 차를 고치는데 얼마나 걸리나요?)

- **HOW FAR**

    How far is it from here? (여기서 얼마나 머나요?)

    How far did you get? (어디까지 했나요?)

- **HOW DARE**

    How dare you say such a thing? (어떻게 감히 그런 말을 할 수 있어?)

    How dare you treat me this way? (어떻게 나를 이렇게 대할 수 있어?)

- **HOW COME**

    How come you're not eating? (어떻게 / 왜 먹지 않아?)

    How come you were so late? (어떻게 이렇게 늦었어?)

    How come you got so mad at her? (어떻게 그녀에게 그렇게 화가 난 거야?)

- **HOW ABOUT**

    How about a break. (쉬는 건 어때?)

    How about next time? (다음 시간은 어때?)

    How about getting lunch together? (같이 점심 먹는 건 어때?)

    How about taking the subway? (지하철을 타는 건 어때?)

복습하기

❶ ____ _____ tickets do you want? : 몇 개의 티켓을 원하시나요?

❷ ____ _____ money do you need? : 얼마나 돈이 필요해?

❸ ____ _____ can you make it? : 오는데 얼마나 걸려?

❹ ____ _____ you say such a thing? : 어떻게 감히 그런 말을 할 수 있어?

❺ ____ _____ you were so late? : 어떻게 이렇게 늦었어?

❶ How many ❷ How much ❸ How soon ❹ How dare ❺ How come

059강 의미가 혼동되는 단어 구별하기
(because / since / as / for / now that)

- **BECAUSE** : 가장 강한 뜻의 원인 / 이유를 직접적으로 나타냄

  주의 Why 질문에 대한 이유를 말할 때나 듣는 사람이 이유를 몰랐다가 이유가 중요해서 강조하는 의미이다.

- **SINCE** : 상대가 알만한 뻔한 이유나 원인에 대해 말해주는 의미이다.

  주의 이유를 상대방도 이미 알고 있고 **AS** 보다 더 **formal** 한 표현이다.

- **AS** : 원인, 이유를 부수적, 우연적으로 나타내는 말로 구어체로 쓴다.

  주의 이미 이유를 다 알고 있는 것은 **SINCE**와 유사하며 주로 문장 앞에 위치한다.

- **FOR** : 이유, 설명을 곁들일 때 문장 뒤에서 쓰며 구어체에는 잘 쓰지 않는다.

  주의 등위접속사 즉, 앞에 콤마를 사용한다, 대화체에서는 사용하지 않는다.

- **NOW THAT** : '~인 이상, 이제~이니까' 의 의미로 가벼운 원인을 나타낸다.

- **BECAUSE**

  I didn't get it because it cost too much. (비용이 너무 많이 들어서 못 받았어.)

  I coudn't sleep because the bed was so uncomfortable. (나는 침대가 너무 불편해서 잠을 잘 수 없었어.)

  The train was delayed because it'd snowed heavily. (눈이 많이 와서 기차가 연착되었어.)

  She felt sad because she hadn't been invited to the party. (그녀는 파티에 초대받지 못해서 슬펐어.)

They lost the game because they played badly. (그들은 형편없는 경기를 했기 때문에 경기에서 졌어.)

• SINCE

Since our feet hurt, we should take a taxi. (발이 아프니까 택시를 타야겠어.)

Since he left at noon, he should be there in an hour. (그가 정오에 출발했으니 한 시간 후에 도착할 거야.)

We have to go on a picnic since the weather is so fine. (날씨가 너무 좋아서 우리는 소풍을 가야 해.)

It should be here soon since she sent the mail. (그녀가 편지를 보냈으니 곧 올 거야.)

We should help more people since we have more money. (우리는 돈이 더 많으니 더 많은 사람들을 도와야 해.)

• AS

As it's getting dark, we have to go home. (날이 어두워지니 우리는 집에 가야 해.)

As it's getting late, we must hurry. (시간이 늦었으니 서둘러야 해.)

As it's easy to get lost, we have a tour guide. (길을 잃기 쉽기 때문에, 우리는 여행 가이드가 있어.)

As it's raining again, we will have to stay at home. (또 비가 오니까 집에 있어야 할 것 같아.)

As I already mentioned at the beginning, I will not repeat it. (처음부터 이미 언급했듯이, 나는 그것을 반복하지 않을 거야.)

• FOR

People had to wear clothes, for it's cold in winter. (사람들은 겨울에는 추우니까 옷을 입어야 했습니다.)

The upper class people could often go abroad, for they were very rich. (상류층은 매우 부자였기 때문에 자주 외국에 갈 수 있었습니다.)

The workers have to finish their job as soon as possible, for the deadline is tomorrow. (마감일이 내일이기 때문에 직원들은 가능한 빨리 일을 끝내야 합니다.)

- **NOW THAT**

    Now that we have eaten, let's go. (밥 먹었으니 이제 가자.)

    Now that it's winter, I'm gonna go skiing. (이제 겨울이니까 스키 타러 갈 거야.)

    Now that you mention it, I remember. (당신이 그것에 대해 말씀을 하시니까 하는 말인데요, 저도 기억이 나네요.)

    I'm fine now that you're here. (네가 왔으니 난 이제 괜찮아.)

    I feel much better now that I told the truth. (사실을 말하고 나니 속이 후련해.)

복습하기

❶ I couldn't sleep _____ the bed was so uncomfortable. : 나는 침대가 너무 불편해서 잠을 잘 수 없었어.

❷ _____ our feet hurt, we should take a taxi. : 발이 아프니까 택시를 타야겠어.

❸ _____ it's getting late, we must hurry. : 시간이 늦었으니 서둘러야 해.

❹ People had to wear clothes, _____ it's cold in winter. (사람들은 겨울에는 추우니까 옷을 입어야 했습니다.)

❺ _____ _____ you mention it, I remember. : 당신이 그것에 대해 말씀을 하시니까 하는 말인데요, 저도 기억이 나네요.

❶ because ❷ since ❸ since ❹ for ❺ Now that

의미가 혼동되는 단어 구별하기
(a / an / the)

- **A** : '많은 것 중의 하나인' (뒤에 오는 명사가 셀 수 있는 하나 일 때 사용함. 부정관사라고 한다.)

  주의 뒤에 나오는 단어 알파벳이 자음일 때는 'a'를 사용하고, 뒤에 나오는 단어 알파벳이 모음일 때는 'an'을 사용한다.

  단, 발음 자체가 묵음인 경우나 '유'발음이 나는 알파벳 'u'앞에 올 경우는 예외가 된다.

  = **An hour** ('h'가 자음이지만, 묵음 즉, 발음하지 않아, 'an'을 사용한다.)

  = **A university / A uniform** ('u'가 모음이지만, '유'라고 발음하므로 'a'를 사용한다.)

  = **An umbrella** (여기서 모음 'u'는 '어'발음이므로 정상적인 모음으로 간주 'an'을 사용한다.)

- **THE** : '오로지 하나 밖에 없는' 혹은 '누구나 다. 아는'(뒤에 오는 명사가 셀 수 있는지 없는 지 상관없이 특정 지칭을 할 때 사용하며 정관사라고 한다.)

  1. 세상에 유일무이한 것 : 달, 태양, 하늘 등등
  2. 형용사 최상급 : **the best** (최고의), **the worst** (최악의), **the prettiest** (가장 이쁜)
  3. 가리키는 대상이 분명한 경우 : **the top / the end / the middle / the left / the right**

     = **Look at the name at the top of the page**. (페이지의 꼭대기의 이름을 보세요.)
  4. 한정적인 수식을 받는 경우

     = **The tree in our garden**. (그 많은 나무 중에 우리 정원에 있는 그 나무)
  5. 악기 이름 : **the piano, the guitar**

  주의 항상 the를 붙이지 않는 단어 (**TV / breakfast / lunch / dinner / next / last week / month / year / 계절 / 요일 / station / park**)

- **A** : 하나의~, 셀 수 있는 명사가 하나 일 때 사용함

  1. 자음 앞 (A) : A box / A girl / A desk
  - 자음 : 모음을 제외한 모든 알파벳

  2. 모음 앞 (AN) : An old man / An apple / An egg / An umbrella
  - 모음 : A, E, I, O, U
  - 예외, (An hour / A university / A uniform)

- **THE** : 누구나 다. 아는 명사

  1. 세상에 유일무이한 것

  The sun / The earth / The moon / The sky / The universe
  The world / The united States of America / The Philippines

  2. 형용사 최상급

  Who is the best player of the year?

  3. 가리키는 대상이 분명한 경우

  Would you pass me the salt? (제게 그 소금 좀 주시겠어요?)

  I need to speak to the manager. (전 그 매니저와 이야기 나누고 싶어요.)

  Could you close the door? (저 문 좀 닫아주실래요?)

  My office is at the end of this block. (내 사무실은 이 블록의 끝에 있어요.)

  Look at the name at the top of the page. (페이지의 꼭대기의 이름을 보세요.)

  4. 한정적인 수식을 받는 경우

  There is a tree (저기에 나무가 있어요.)

  = Look at the tree in our garden. (우리 정원에 나무를 보세요.)

  I need a pen. (전 펜이 필요해요.)

  = I need the pen on the table. (저는 테이블 위에 펜이 필요해요.)

5. 악기 이름

I can play the piano. (저는 피아노를 연주할 수 있어요.)

Do you play the guitar? (너 기타 쳐?)

주의 항상 the를 붙이지 않는 단어

My father watched TV all day. (우리 아빠는 하루 종일 TV를 보셨어. - the TV (X))

I had lunch with my girl friend today. (나는 오늘 내 여자 친구와 점심을 먹었어 - the lunch (X))

We have plans to go abroad next month. (우리는 다음 달에 해외로 갈 계획이 있어 - the next (X))

복습하기

❶ Would you pass me ____ _____? : 제게 그 소금 좀 주시겠어요?

❷ Could you close ____ _____? : 저 문 좀 닫아주실래요?

❸ I need __ _____. : 전 펜이 필요해요.

❹ My father _____ _____ all day. : 우리 아빠는 하루종일 TV를 보셨어.

❺ I ____ _____ with my girl friend today. : 나는 오늘 내 여자친구와 점심을 먹었어.

❶ the salt ❷ the door ❸ a pen ❹ watched TV ❺ had lunch

알아두면 쓸모있는 영어회화 잡학사전

회화 할 때 가장 알쏭달쏭한 시제 표현 정리

4

061강 현재가 현재가 아니다?
(현재형 / 현재진행형 구별해서 사용하기)

- **현재형** : '현재'라는 시간적 개념보다는 일반적으로 일어나는 일상 반복된 동작이나 습관을 표현할 때 사용한다. 따라서 오히려 '동사의 원형'이라고 하는 것이 더 정확하다.

  주의 함께 쓰면 더 좋은 표현 - **every+시간, at+시간, often, sometimes, once**

- **현재 진행형** : 현재 진행되어 가고 있는 상태를 그대로 전달하는 표현이다. 우리가 일반적으로 생각하는 '현재'라는 시간적 개념에 더 가깝다.

  주의 함께 쓰면 더 좋은 표현 - **now, at the moment)**

- <현재형과 현재 진행형의 의미 차이>

  I drive a car. (나 운전해. (운전 할 줄 알아.))
  I'm driving a car. (지금 운전 중이야.)

  I eat beef. (나 육식해.)
  I am eating beef. (지금 고기 먹고 있어.)

  It doesn't snow in Africa. (아프리카에는 눈이 안 와.)
  It's snowing here. (여기 눈이 내리고 있어.)

  I live in Seoul. (나는 서울에 살아.)
  I am living in Seoul. (현재는 (잠시) 서울에 살고 있어요.)

- 현재형 (일상 반복이나 습관)

    I take a shower everyday. (나는 매일 샤워 해.)

    They walk their dogs every morning. (나는 매일 아침에 강아지들과 산책해.)

    They close at six. (거기는 6시에 문 닫아.)

    He often goes to the concert. (그는 콘서트 자주 가.)

    I sometimes sleep late at the weekends. (나는 가끔 주말에는 늦게 자.)

    I visit Busan once a year. (나는 1년에 1번 부산 가.)

- 현재진행형 (현재 일어나는 상황)

    He is coming from Busan now. (지금 부산에서 그가 오고 있어.)

    He is staying in Paris now. (그는 지금 파리에 머무르고 있어.)

    He is visiting China at the moment. (지금 그는 중국 방문중이야.)

    Korea is winning at the moment. (한국이 지금 이기고 있어.)

    She is currently working as a tutor. (그녀는 현재 가정 교사로 일하고 있어.)

    I am currently studying economics. (나는 현재 경제학을 공부하고 있어.)

복습하기

❶ They (walk / are walking) their dogs every morning. : 나는 매일 아침에 강아지들과 산책해.

❷ Korea (wins / is winning) at the moment. : 한국이 지금 이기고 있어.

❸ He (comes / is coming) from Busan now. : 지금 부산에서 그가 오고 있어.

❹ I (take / am taking) a shower everyday. : 나는 매일 샤워 해.

❺ He (visits / is visiting) China at the moment. : 지금 그는 중국 방문중이야.

❶ walk　❷ is winning　❸ is coming　❹ take　❺ is visiting

062강 미래형을 표현하는 다양한 방법
(will / be going to / be + ~ing)

- **WILL** : 셋 중에서 가장 단순하고 즉흥적인 의지, 막연한 예측
  (~할거야, ~한 대)
- **BE GOING TO** : 의도된 계획, 준비되어 있는 일정 (~할 예정이야)
- **BE ~ING** : 미리 정해진 계획, 약속, 의도 (~하기로 되어있어)

  주의 실제 그 동작이 행해질 가능성 : BE ~ING > BE GOING TO > WILL.

• WILL / BE GOING TO

I will be a doctor. (의사가 될 거야.)
I am going to be a doctor. (의사 될 예정이야 / 이미 의사되려고 준비하고 있어.)

I will marry next year. (내년에 결혼 할래. / 상대가 있든 없든.)
I am going to marry next year. (내년에 결혼할 예정이야 / 상대가 있어.)

I will move to Canada. (캐나다로 이민 갈래.)
I am going to go to Canada. (캐나다로 이민 갈 예정이야. / 이미 갈 준비하고 있어.)

I will give you a ride to the airport. (너 공항에 데려다 줄게.)
I am going to give you a ride to the airport. (너 공항에 데려다 주려고 계획하고 있어.)

I will study English this summer. (이번 여름에 영어 공부나 할래.)
I am going to study English this summer. (이번 여름에 영어 공부하려고 예정하고 있어.)

- **BE ~ ING**

    My mother is leaving for Europe tomorrow. (엄마 내일 유럽으로 가기로 되어있어.)

    They are coming to dinner this evening. (그들이 오늘 저녁에 저녁 먹으러 오기로 되어있어. / 이미 약속을 다 해놨어.)

    She is having a baby in April. (그녀는 4월에 출산하기로 되어 있어.)

    She is starting a new job next week. (그녀는 다음 주 새 직장 시작하기로 되어 있어. / 이미 회사랑 얘기 다 끝났어.)

    I am having a job interview next week. (다음주에 면접 보기로 되어있어. / 이미 일정 다 잡혔어.)

    The train is arriving at 9 a.m. (기차는 아침 9시에 도착하기로 되어 있어.)

복습하기

1 I (am going to / will) be a doctor. : 의사 될 예정이야 / 이미 의사되려고 준비하고 있어.

2 I (will / am going to) marry next year. : 내년에 결혼 할래 / 상대가 있든 없든.

3 I (will / am going to) give you a ride to the airport. : 너 공항에 데려다 주려고 계획하고 있어.

4 My mother (will leave / is leaving) for Europe tomorrow. : 엄마 내일 유럽으로 가기로 되어있어.

5 She (will start / is starting) a new job next week. : 그녀는 다음 주 새 직장 시작하기로 되어 있어 / 이미 회사랑 얘기 다 끝났어.

1 am going to **2** will **3** am going to **4** is leaving **5** is starting

063강 과거형을 쓸까? 완료형을 쓸까?
(과거형 / 현재완료형 구별해서 사용하기)

- 과거형 : 과거에 일어난 일로 현재에는 영향이 없다.
- 현재완료형 : 과거에 일어난 일이 현재까지 영향을 주면 완료형을 쓴다.
- = 누군가를 만나서 과거 일을 돌아보는 것이 현재 완료이다. 둘 다. 지나간 과거를 뜻한다는 점에서는 같다.

- 과거형과 현재완료형의 의미 차이

  I knew Lisa. (나 Lisa 알았어. (과거에 알았지만, 지금은 연락을 안 할 수도 있다.))
  I have known Lisa. (나 Lisa 알고 있어. (과거에도 알았고 지금도 알고 지낸다는 의미가 강하다.))
  I have known Lisa for 10 years. (10년 동안 Lisa를 알고 있어.)

  I lost my key. (나 열쇠 없어. (과거에 잃어버렸다는 사실을 의미해. 현재 상황은 어떤지 정보가 없다.))
  I have lost my key. (나 열쇠 잃어버렸었어. (과거에 잃어버려서 지금까지 못 찾고 있다는 의미.)

  I did my homework. (나 숙제 했어.) (과거 어느 시점에 숙제 끝냈고 지금은 할 필요 없다는 의미.)
  I have done my homework. (나 숙제 했어.) (과거에 시작해서 현재까지 숙제를 다 끝냈다는 의미. 근래에)

I had breakfast. (아침 먹었어.) (단순한 아침을 먹었다는 사실만 얘기하는 것으로 지금 상태와 무관하다.)

I have had breakfast. (아침 먹었어.) (아침을 먹었고 지금까지 그 영향이 있어. 즉, 아직 배가 고프지 않다거나 더 먹을 생각이 없을 경우를 의미한다.)

Did you see her? (그녀 만났어?) (그녀를 만나기로 했던 것을 이미 알고 있어서 진짜 만났는지 질문하는 의미이거나 우연히 과거에 목격해서 다시 한번 묻는 의미.)

Have you seen her? (그녀 만난 적 있어?) (과거에 만난 일이 지금까지 이어지는지 물어보는 경우.)

Were you in Korea? (한국에 있었어? (지금은 없을 수도 있어.))
Have you been in Korea? (한국에 가 본적 있어?)

복습하기

1 I (knew / have known) Lisa. : 나 Lisa 알고 있어.
⇨ 과거에도 알았고 지금도 알고 지낸다는 의미가 강하다.

2 I (lost / have lost) my key. : 나 열쇠 없어.
⇨ 과거에 잃어버렸다는 사실을 의미한다. 현재 상황은 어떤지 정보가 없다.

3 I (had / have had) breakfast. : 아침 먹었어.
⇨ 단순한 아침을 먹었다는 사실만 얘기하는 것으로 지금 상태와 무관하다.

4 (Did / Have) you see her? : 그녀 만났어?
⇨ 그녀를 만나기로 했던 것을 이미 알고 있어서 진짜 만났는지 질문하는 의미이거나 우연히 과거에 목격해서 다시 한번 묻는 의미.

5 (Were / Have been) you in Korea? : 한국에 있었어?
⇨ (지금은 없을 수도 있다.)

1 have known **2** lost **3** had **4** Did **5** Were

064강

조동사에 완료형을 더하면?
(would / could / should + have + p.p)

- **WOULD HAVE P.P** : (가정이나 아쉬움) ~했을 거야 / ~했을 텐데.
  - 주의 **WOULDN'T HAVE P.P** : (가정이나 아쉬움) ~하지 않았을 거야.
- **COULD HAVE P.P** : ~할 수 있었을 거야. / ~할 수 있었을 텐데.
  - 주의 **COULDN'T HAVE P.P** : ~할 수 없었을 거야.
- **SHOULD HAVE P.P** : ~했어야 했는데.
  - 주의 **SHOULDN'T HAVE P.P** : ~하지 말았어야 했는데

- **WOULD HAVE P.P 의미**

  I will buy it. (그거 살게요.)

  I would buy it. (그거 살 거 같아.)

  I would have bought it. (그거 샀을 거야. / 그거 샀을 텐데.)

  I wouldn't have bought it. (그거 사지 않았을 거야.)

  I will do it. (그거 할게요.)

  I would do it (그거 할 거 같아.)

  I would have done it. (그거 했을 거야. / 그거 했을 텐데.)

  I wouldn't have done it. (그거 하지 않았을 거야.)

- **COULD HAVE P.P 의미**

  I can buy it. (그거 살 수 있어.)

I could buy it. (그거 살 수 있을 거 같아.)

I could have bought it. (그거 살 수 있었을 거야 / 살 수 있었을 텐데.)

I couldn't have bought it. (그거 살 수 없었을 거야.)

I can do it. (그거 할 수 있어.)

I could do it. (그거 할 수 있을 거 같아.)

I could have done it. (그거 할 수 있었을 거야/ 할 수 있었을 텐데.)

I couldn't have done it. (그거 할 수 없었을 거야)

• SHOULD HAVE P.P 의미

I should do it. (그거 해야 해.)

I should have done it. (그거 했어야 했는데.)

I shouldn't have done it. (그거 하지 말았어야 했는데.)

I should buy it. (그거 사야 해.)

I should have bought it. (그거 샀어야 했는데.)

I shouldn't have bought it. (그거 사지 말았어야 했는데.)

복습하기

1. I _____ ____ _____ it. : 그거 샀을 거야. / 그거 샀을 텐데.

2. I _____ ____ _____ it. : 그거 살 수 있었을 거야 / 살 수 있었을 텐데.

3. I _____ ____ _____ it. : 그거 했어야 했는데.

4. I _____ ____ _____ it. : 그거 하지 않았을 거야.

5. I _____ ____ _____ it. : 그거 사지 말았어야 했는데.

1 would have bought 2 could have bought 3 should have done
4 wouldn't have done 5 shouldn't have bought

065강 회화에서 아주 많이 사용하는 현재완료진행형

- **현재진행형** : (be 동사 + ing)
  현재 진행되어 가고 있는 상태를 그대로 전달하는 표현이다. 우리가 일반적으로 생각하는 '현재'라는 시간적 개념에 더 가깝다.

- **현재완료진행형** : (have + be 동사 + ing)
  '현재완료'와 '현재진행형' 개념을 합친 표현이다. 과거의 어느 한 순간부터 시작해서 지금 현재도 계속 진행되고 있다는 의미이다.

- **현재진행형과 현재완료진행의 의미 차이**

  I am watching TV. (지금 TV 보고 있어.)
  I was watching TV. (그 때 TV 보고 있었어.)
  I have been watching TV for about two hours. (지금까지 계속 TV 보고 있는 중이야.)

  I am waiting for the bus. (지금 버스 기다리고 있어.)
  I was waiting for the bus. (그 때 버스 기다리고 있었어.)
  I have been waiting for the bus for 30 minutes. (30분 동안 계속 버스 기다리고 있는 중이야.)

  I am studying. (지금 공부하고 있어.)
  I was studying. (그때 공부하고 있었어.)

I have been studying English since I was 10. (10살 때부터 계속 영어 공부하고 있는 중이야.)

I am reading this book. (지금 이 책을 읽고 있어.)
I was reading this book. (그때 이 책 읽고 있었어.)
I have been reading this book since last month. (지난 달부터 계속 이 책 읽고 있는 중이야.)

복습하기

1 I ____ ____ _____ TV for about two hours. : 지금까지 계속 TV 보고 있는 중이야.

2 I ____ ____ _____ for the bus for 30 minutes. : 30분 동안 계속 버스 기다리고 있는 중이야.

3 I ____ ____ _____ English since I was 10. : 10살 때부터 계속 영어 공부하고 있는 중이야.

4 I ____ _____ this book. : 그때 이 책 읽고 있었어.

5 I ____ ___ _____ this book since last month. : 지난 달부터 계속 이 책 읽고 있는 중이야.

1 have been watching **2** have been waiting **3** have been studying **4** was reading **5** have been reading

066강 '~하려고 하다'의 시간별 표현해 보기
(I just wanted to / I am trying to / I am about to / I am going to)

- **I JUST WANTED TO** : 단지 ~ 하려고 했을 뿐이다.
- **I AM TRYING TO** : 하려고 해 (요즘, 평상시)
- **I AM ABOUT TO** : 막 ~ 하려고 하다. (지금 당장 이라는 느낌이 강함)
- **I AM GOING TO** : 할 거다.

- **I JUST WANTED TO** : 단지 ~ 하려고 했다.

  I just wanted to confirm my tickets. (티켓 확인하려고 했을 뿐이에요.)
  I just wanted to do my best. (최선을 다 하려고 했을 뿐이에요.)
  I just wanted to find a new job. (취직 하려고 했을 뿐이야.)
  I just wanted to apologize for my mistake. (나는 단지 내 실수를 사과하려고 했을 뿐이야.)

- **I AM TRYING TO** : ~하려고 하다.

  I'm trying to confirm my tickets. (티켓 확인하려고 해요.)
  I'm trying to do my best. (최선 다 하려고 해요.)
  I'm trying to find a new job. (새 직업을 구하려고 해요.)
  I'm trying to apologize for my mistake. (제 실수를 사과하려고 해요.)

- **I AM ABOUT TO** : 막 ~하려던 참이다.

  I'm about to confirm my tickets. (막 티켓 확인하려던 참이에요.)
  I'm about to do my best. (막 최선을 다 하려던 참이에요.)
  I'm about to find a new job. (막 취직 하려던 참이에요.)
  I'm about to apologize for my mistake. (제 실수에 막 사과하려던 참이에요.)

- **I AM GOING TO** : 할 거예요.

  I'm going to confirm my tickets. (티켓 확인할 거예요.)
  I'm going to do my best. (최선 다할 거예요.)
  I'm going to find a new job. (취직할 거예요.)
  I'm going to apologize for my mistake. (제 실수에 사과할거예요.)

복습하기

1. I _____ _____ ___ confirm my tickets. : 티켓 확인하려고 했을 뿐이에요.

2. ___ _____ ___ do my best. : 최선 다 하려고 해요.

3. ___ _____ ___ find a new job. : 막 취직 하려던 참이에요.

4. ___ _____ ___ find a new job. : 취직할 거예요.

5. ___ _____ ___ apologize for my mistake. : 제 실수에 사과할거예요.

1 just wanted to 2 I'm trying to 3 I'm about to 4 I'm going to 5 I'm going to

067강 '지금'이라고 할 때는 어떤 표현을 쓸까?
(now / currently / right now / at the moment / for now)

- **NOW** : 지금, 이제

- **CURRENTLY** : 지금, 현재에 가까운 지금 : 현재을 포함해서 조금 긴 시간.

  <mark>주의</mark> 두 문장을 해석해서 '이제, 지금' 둘 다 어색하지 않으면 '**now**'를 쓰고 '이제'가 어색한 문장은 '**currently**'를 사용한다.

- **RIGHT NOW** : 지금 당장

  = She's not here right now. : 그녀는 지금 없어 (없지만 곧 올 거야.)

- **AT THE MOMENT** : 지금 당장은

  = She's not here at the moment. : 그녀는 지금 당장은 없어. (지금은 없지만 한참 후에는 올 거야 = **after for hours or days**)

- **FOR NOW** : 지금은, 현재로는, 우선은, 당분간은, 이제 곧

- **NOW** : 지금, 이제

  I think we should go now. (지금 가야할 것 같아.)

  It's too late to go home now. (지금 집에 가기에는 너무 늦었어.)

  We can't change our plans now (우리는 이제 계획을 바꿀 수는 없어.)

- **CURRENTLY** : 지금, 현재 (조금 긴 시간)

  This hotel is currently under construction. (이 호텔은 지금 공사중입니다.)

  Are you currently having a sale? (지금 세일하고 있어요?)

I'm currently in Busan. (전 지금 부산에 있어요.)

Currently, I am learning Chinese. (지금 나는 중국어를 배우고 있어요.)

- **RIGHT NOW** : 지금 당장

    Do it right now. (지금 당장 해)

    I need to go right now. (지금 당장 가야겠어.)

    She's not here right now. (지금 당장은 그녀가 여기 없어요.)

- **At the moment** : 지금 당장은 (조금 긴 시간)

    I'm busy at the moment. (지금 당장은 좀 바빠요.)

    I can't think of her name at the moment. (지금 당장은 그녀 이름이 생각나질 않아.)

    I have nothing to do at the moment. (지금 당장은 할 게 없어.)

- **FOR NOW** : 지금은, 현재로는

    That's enough for now. (지금은 충분해. 됐어.)

    For now, we need to stop. (현재로는 멈춰야 해.)

복습하기

❶ It's too late to go home _____ . : 지금 집에 가기에는 너무 늦었어.

❷ I'm _____ in Busan. : 전 지금 부산에 있어요.

❸ I need to go _____ _____ . : 지금 당장 가야겠어.

❹ I can't think of her name ___ ___ _____ . : 지금 당장은 그녀 이름이 생각나질 않아.

❺ That's enough _____ _____ . : 지금은 충분해. 됐어.

❶ now ❷ currently ❸ right now ❹ at the moment ❺ for now

068강

'요즘'이라고 할 때는 어떤 표현을 쓸까?
(recently / lately / these days / nowadays)

- **RECENTLY** : 과거에 일어난 일 중에 단발적인 사건을 언급할 때 사용된다. (최근에)

- **LATELY** : 과거부터 현재까지 반복적이거나 지속적인 사건을 언급할 때 사용된다. (요즘)

  주의 반드시 함께 쓰는 동사는 완료형을 쓴다.

- **THESE DAYS** : 가까운 과거와 비교해서 현재 일어나고 있으며 앞으로도 계속될 전망이 있을 때 사용된다. (요새)

  주의 these 와 days 사이는 띄어 쓴다.

- **NOWADAYS** : 먼 과거와 비교해서 현재 일어나고 있으며 앞으로도 계속될 전망이 있을 때 사용된다. (요새는)

  주의 now a days 모두 붙여서 한 단어로 쓴다.

- **RECENTLY**

  I have been to New York recently. (최근에 나 뉴욕 갔었어.)

  He recently graduated from Harvard University. (그는 최근에 하바드 대학 졸업했어.)

  My father has recently retired. (우리 아버지가 최근에 은퇴하셨어.)

  We received a letter from her recently. (우리 최근에 그녀한테서 편지 받았어.)

  The school has recently built a new gym. (그 학교는 최근에 새 체육관 지었어.)

• LATELY

It has not rained lately. (요즘 비가 안 와.)
He has been very busy lately. (요즘 그 사람 많이 바빠.)
I haven't seen much of you lately. (요즘 도통 너 못 본거 같아.)

• THESE DAYS

I don't do much exercise these days. (요새 나 운동 많이 안 해.)
It's hard to get a job these days. (요새 직장 구하기가 힘들어.)
K-pop is very popular these days. (요새 K-pop 꽤 인기 있어.)

• NOWADAYS

Nowadays, most children have cell phone. (요새는 대부분 애들 다 핸드폰 갖고 있어.)
Nowadays, a single person household is much more common. (요새는 1인 가구가 너무 일반적이야.)
Kids grow up so quickly nowadays. (요새는 아이들이 너무 빨리 자라.)
Nowadays, organic food is getting more popular. (요새는 유기농 음식이 점점 인기를 끌어.)

복습하기

1 We received a letter from her (lately / recently). : 우리 최근에 그녀한테서 편지 받았어.

2 He has been very busy (lately / nowadays). : 요즘 그 사람 많이 바빠.

3 I don't do much exercise (lately / these days). : 요새 나 운동 많이 안 해.

4 (Lately / Nowadays) most children have cell phone. : 요새는 대부분 애들 다 핸드폰 갖고 있어.

5 The school has (recently / these days) built a new gym. : 그 학교는 최근에 새 체육관 지었어.

1 recently **2** lately **3** these days **4** Nowadays **5** recently

069강 '예전에'라고 할 때는 어떤 표현을 쓸까?
(ago / before)

- **AGO** : 이미 끝난 과거의 일을 의미한다.
  > 주의 반드시 과거형 동사와 함께 사용한다.
- **BEFORE** : 어떤 상황이 발생하기 전의 일을 의미한다.
  > 주의 단순히 '전에' 라는 의미로 '동사완료형'이 올 때는 반드시 'before'를 사용한다.

- **AGO**

  I came here 5 minutes ago. (나는 여기 5분 전에 왔어.)
  I lost my husband a year ago. (나는 1년 전에 내 남편을 잃었어.)
  I saw him a moment ago. (나는 그 남자 방금 막 봤어.)
  He arrived a while ago. (그는 조금 전에 도착했어.)
  It happened a long time ago. (그것은 오래 전 일이었어.)

- **BEFORE**

  I have been to London before. (나는 전에 런던에 가 봤어.)
  I think we have met before. (우리 전에 만난 적 있는 거 같아.)
  We should arrive before dark. (우리는 어두워지기 전에 도착해야 해.)
  Listen to me before you say anything. (말하기 전에 내 말 좀 들어.)
  Just call me before you go out. (나가기 전에 전화해 줘.)

- **<AGO 사용할 때 주의>**

    I have been to Paris ago. (X) (완료형에 쓰지 않아.)
    ⇨ I have been to Paris before. (전에 파리에 가 본적 있어.)
    Have you met him ago? (X) (완료형에 쓰지 않아.)
    ⇨ Have you met him before? (전에 그 사람 만난 적 있어?)
    I will be there three days ago. (X) (미래형에 쓰지 않아.)
    ⇨ I will be there after three days. (3일 후에 거기 갈 거야.)
    She is reading the book two hours ago. (X) (현재, 현재완료형에 쓰지 않아.)
    ⇨ She has been reading for two hours. (그녀는 2시간 동안 책을 읽고 있는 중이야.)
    I saw the movie ago. (X) (과거형 문장이라도 'ago'단독으로 쓰지 않아.)
    ⇨ I saw the movie before. (나 그 영화 전에 봤어.)

복습하기

1 I saw him a moment _____. : 나는 그 남자 방금 막 봤어.

2 Just call me _____ you go out. : 나가기 전에 전화해 줘.

3 I have been to London _____. : 나는 전에 런던에 가 봤어.

4 Have you met him _____? : 전에 그 사람 만난 적 있어?

5 I saw the movie _____. : 나 그 영화 전에 봤어.

1 ago **2** before **3** before **4** before **5** before

070강 '예전에'라고 할 때는 어떤 표현을 쓸까?
(one day / someday / sometime)

- **ONE DAY** : 과거의 특정한 날이나 미래의 어느 시기를 가리키는 의미이다. (어느 날, 언젠가는)

  주의 'one' 과 'day'는 각각 띄어 쓴다.

- **SOMEDAY** : 미래 불확실한 시간 혹은 현재 이루어지기 불가능한 상황을 의미한다. (언젠가, 언제든, 훗날)

  주의 문장 앞, 뒤, 중간에 모두 쓰일 수 있다. 'someday', 나 'some day' 둘 다 쓰인다.

- **SOMETIME** : 과거의 어느 한 때나, 미래의 어느 한 순간을 의미한다. (언제가 한 번)

  주의 sometimes : '가끔, 때때로' 라는 의미로 'sometime'과 구별한다.
  = He sometimes sleep late on Sunday. (O)
  = He sometime sleep late on Sunday. (X)

- **ONE DAY**

  One day, I'm going to marry Jane. (언젠가는 Jane 하고 결혼할 거야.)

  One day, he ran out of the house. (어느 날, 그는 집을 뛰쳐나갔어.)

  One day, I had a very strange dream. (어느 날, 나는 이상한 꿈을 꾸었어.)

  One day, she knocked at my door. (어느 날, 그녀는 내 방문을 두드렸어.)

- **SOMEDAY**

    You should try it someday. (언젠가 한번 먹어 보는 게 좋을 걸.)

    I hope I can travel to the moon someday. (언젠가 달나라로 여행 갔으면 좋겠어.)

    I will buy my own house someday. (언젠가 내 집을 장만할 거야.)

    He hopes, someday, to have his own business. (그는 언젠가 자기 사업을 갖길 원해.)

- **SOMETIME**

    We must get together sometime. (우리 언제가 한 번 만나야지.)

    Drop by my office sometime. (내 사무실에 언제가 한 번 들려.)

    Buy me a drink sometime. (언제가 한 번 한잔 사.)

    I'll give it back to you sometime. (언젠가 너에게 돌려 줄게.)

    I met my uncle sometime last year. (나는 작년 언젠가 한 번 삼촌을 만났어.)

복습하기

1 Drop by my office (sometimes / sometime). : 내 사무실에 언제가 한 번 들려.

2 I hope I can travel to the moon (someday / oneday). : 언젠가 달로 여행을 갈 수 있기를 바래.

3 Buy me a drink (some time / sometime). : 언제가 한 번 한잔 사.

4 (One day / Someday) I had a very strange dream. : 어느 날, 나는 이상한 꿈을 꾸었어.

5 He (sometime / sometimes) sleep late on Sunday. : 그는 일요일에 가끔 늦게 자.

> 1 sometime 2 someday 3 sometime * some time : 당분간 4 One day 5 sometimes

알아두면 쓸모있는 영어회화 잡학사전

회화 할 때 많이 써야 되는 전치사 완벽 정리

5

071강 시간을 표현할 때 쓰는 전치사 완전 정복-1
(in / on / at)

- **IN** : 특정한 년도, 특정한 달, 일주일 이상일 때 앞에 쓴다.

  주의 'in'은 원래 '~의 안에'라는 의미가 강하다. 따라서 경계선을 나타내는 의미이므로, '아침 / 점심 / 저녁', '봄 / 여름 / 겨울 / 가을', '과거, 현재, 미래' 등 구분이 지어지는 시간 일 때도 'in' 을 사용한다.

  = **in the morning** (아침에), **in the afternoon** (오후에), **in the evening** (저녁에)
  = **in spring** (봄에), **in summer** (여름에), **in autumn** (가을에), **in winter** (겨울에)
  = **in the past** (과거에), **in the present** (현재에), **in the future** (미래에)

- **ON** : 특정한 하루나, 요일, 주말을 일컬을 때 앞에 쓴다.

  = **on Christmas** (성탄절에), **on my birthday** (내 생일에), **on July 1st** (7월 1일에)
  = **on Monday** (월요일에), **on Sunday** (일요일에)
  = **on weekends** (주말에)

- **AT** : 특정한 시간, 특히 짧은 시간일 때 앞에 쓴다.

  주의 특정한 시간이외에 짧은 시간 일 때도 'at'를 사용하는데, 저녁에서 새벽으로 바뀌는 순간 (**night**), 오전에서 오후로 바뀌는 순간 (**noon**), 어두운 밤에서 동트는 순간 (**dawn**) 일 때도 모두 'at'를 사용한다.)

  = **at 3 o'clock** (3시에), **at 10 p.m.** (저녁 10시에), **at 9** (9시에)
  = **at dawn** (새벽에), **at noon** (정오에) , **at night** (밤에)

  주의 IN / ON / AT을 안 쓰는 경우 : NEXT, LAST, EVERY, THIS 앞에는 쓰지 않는다.

  = **next Friday** (O), **on next Friday** (X) : 다음 주 금요일에
  = **last night** (O), **at lst night** (X) : 어젯밤에
  = **every morning** (O), **in every morning** (X) : 매일 아침에
  = **this summer** (O), **in this summer** (X) : 금년 여름에

- **IN** : 특정한 년도, 특정한 달, 일주일 이상

    She is having a baby in 2024. (그녀는 2024년에 아기를 가질 거야.)

    He started the job in 1994. (그는 1994년에 그 일을 시작했어.)

    Our winter vacation begins in December. (우리의 겨울방학은 12월에 시작해.)

    There'll be sales in January. (1월에 세일이 있을 거야.)

    I prefer coffee in the morning. (나는 아침에 커피를 더 좋아해.)

    I usually take a nap in the afternoon. (나는 보통 오후에 낮잠을 잔다.)

    It's very hot in summer. (여름에는 매우 덥다.)

    We need a snow tire in winter. (우리는 겨울에 스노우 타이어가 필요하다.)

    In the past, the phone was only for talking. (과거에 그 전화는 단지 대화만을 위한 것이었다.)

    What do you want to be in the future? (당신은 장차 어떤 사람이 되고 싶습니까?)

- **ON** : 특정한 하루나 이틀, 요일, 주말

    We go to church on Sunday. (우리는 일요일에 교회에 간다.)

    We go to church on Sunday morning. (우리는 일요일 아침마다 교회에 간다.)

    Our summer vacation begins on July 1st. (우리의 여름 방학은 7월 1일에 시작해.)

    I made a reservation on the 21st. (나는 21일에 예약을 했어.)

    We are going to have a party on Christmas. (우리는 크리스마스에 파티를 할 거야.)

    They get together on New Year's day. (그들은 설날에 모인다.)

    My dad gave me a puppy on my birthday. (아빠가 내 생일에 강아지를 주셨다.)

    I don't go to work on weekends. (주말에는 출근하지 않아.)

- **AT** : 특정한 시간, 짧은 시간

    School begins at 9 a.m. (학교는 오전 9시에 시작해.)

    Let's meet up at 5. (5시에 만납시다.)

    She watches the movie at night. (그녀는 밤에 영화를 본다.)

    We usually have lunch at noon. (우리는 보통 정오에 점심을 먹는다.)

- 아무것도 안 쓰는 경우 : **Next, Last, Every, This** 앞에는 쓰지 않는다.

Will you go out with me next Friday? (다음 주 금요일에 나랑 데이트할래?)

I drank too much last night. (간밤에 과음했어요.)

We have three Chinese classes every week. (우리는 매주 세 번의 중국어 수업이 있어.)

I can't see you this week. (나는 이번 주에 너를 볼 수 없어.)

복습하기

❶ Our winter vacation begins ____ December. : 우리의 겨울방학은 12월에 시작한다.

❷ I made a reservation ____ the 21st. : 나는 21일에 예약을 했다.

❸ Let's meet up ____ 5. : 5시에 만납시다.

❹ I drank too much _____ night. : 간밤에 과음했어요.

❺ We have three Chinese classes _____ week. : 우리는 매주 세 번의 중국어 수업이 있다.

❶ in ❷ on ❸ at ❹ last ❺ every

072강 시간을 표현할 때 쓰는 전치사 완전 정복-2
(after / before / in / within / from / since / for / during / by / until)

- **AFTER** : ~ 이후에 (정확하고 특정한 시간 후에)

    = **after 2 p.m.** (2시 이후에)

- **BEFORE** : ~ 전에 (정확하고 특정한 시간 전에)

    = **before lunch** (점심 전에)

- **IN** : ~지나서 (지금 말하고 있는 시점에서 몇 시간, 몇 년, 몇 분 지나서)

    = **in 30 mins** (30분 지나서)
    = **in 5 years** (5년 지나서)

- **WITHIN** : ~이내에 (지금 말하고 있는 시점에서 어떤 시간 이내에)

    = **within 24 hours** (24시간 이내에)
    = **within a week** (일주일 이내에)

- **FROM** : ~부터 (시작하는 시점만 나타냄. 과거와 미래 모두 사용)

    = **from 3:30** (3시 30분부터)
    = **from 9** (9시부터)

    주의 'from A to B'= A부터 B까지

    = **from 10 to 12** (10시부터 12시까지)

- **SINCE** : ~이후 쭉 (과거부터 현재의 상황까지 계속 됨을 의미)

    = **since last week** (지난주 이후 쭉)
    = **since 1999** (1999년 이후 쭉)
    = **since last Friday** (지난주 금요일 이후 쭉)
    = **since six o'clock** (6시 이후 쭉)

- **FOR** : ~동안 (숫자가 명시된 구체적인 기간 동안 진행됨을 의미하며, 과거나 미래 모두 사용)

    = **for a month** (한 달 동안)

= **for 10 days** (열흘 동안)
= **for 30 minutes** (30분 동안)
= **for a week** (일주일 동안)

- **DURING : ~동안** (숫자가 명시되지 않은 단순한 특정 기간 동안 진행됨을 의미)

    = **during the summer** (여름 동안)
    = **during the weekend** (주말 동안)
    = **during the meeting** (회의 동안)
    = **during my stay** (머무는 동안)

- **BY : ~까지** (동작이나 상태가 완료되는 시점으로 정해진 시기에 딱 한 번만 완성하는 단발성의 의미)

    = **by 5:30** (5시 30분까지 '끝내다.'의 의미)
    = **by Friday** (금요일까지 '끝내다.'의 의미)

- **UNTIL : ~ 까지** (특정 시간까지 동작이 지속되는 상태를 의미)

    = **until 5:30** (5시 30분까지 '계속 지속하다.'의 의미)
    = **until Friday** (금요일까지 '계속 지속하다.'의 의미)

- **AFTER** : ~ 이후에

Please call me *after* 2 p.m. (2시 이후에 나에게 전화해줘.)

- **BEFORE** : ~ 전에

You have to come back *before* lunch. (점심 전에 돌아와야 해.)

- **IN** : ~ 지나서

I'll call you *in* 30 mins. (30분 지나서 전화할게.)

The train will leave *in* 10 mins. (기차는 10분 지나서 출발할 거야.)

- **WITHIN** : ~ 이내에

  You will have the results back within 24 hours. (24시간 이내에 결과를 돌려받을 수 있을 겁니다.)

  We will deliver your goods within a week. (일주일 이내에 물건을 배달할 것입니다.)

- **FROM** : ~ 부터

  I'll be here from 3:30. (3시 30분부터 여기 있을게.)

  The class starts from 9. (수업은 9시부터 시작해.)

  I read this book from 10 to 12. (나는 이 책을 10시부터 12시까지 읽었어.)

- **SINCE** : ~ 이후 쭉

  I've studied for the exam since last week. (나는 지난주 이후 쭉 시험공부를 하고 있어.)

  We've lived here since 1999. (우리는 1999년 이후 쭉 이곳에서 살고 있어.)

  It's been raining since last Friday. (지난주 금요일 이후 쭉 비가 오고 있어.)

  I've waiting since six o'clock. (나는 6시 이후 쭉 기다리고 있어.)

- **FOR** : ~ 동안 (숫자가 명시된 기간)

  He's been sick for a month. (그는 한 달 동안 아팠어.)

  We'll stay in Italy for 10 days. (우리는 이탈리아에 열흘 동안 머물 거야.)

  I've been looking for it for 30 minutes. (30분 동안 찾고 있었어.)

  He's planning to go on a trip for a week. (그는 일주일 동안 여행을 갈 계획이야.)

- **DURING** : ~ 동안 (숫자가 명시되지 않은 특정 기간)

  He was in hospital during the summer. (그는 여름 동안 병원에 있었어.)

  What did you do during the weekend? (너는 주말에 무엇을 했니?)

  We talked about that issue during the meeting. (우리는 회의에서 그 문제에 대해 이야기했어.)

  I met her during my stay in London. (나는 런던에 머무는 동안 그녀를 만났어.)

- **BY** : ~ 까지 (단발성)

    I'll be at home by 5:30. (5시 30분까지 집에 도착할 거예요.)
    I have to finish this report by Friday. (나는 금요일까지 이 보고서를 끝내야 해.)
    Dinner will be ready by 6. (저녁 식사는 6시까지 준비될 거야.)
    Please buy your ticket by 5 p.m. (오후 5시까지 표를 사십시오.)

- **UNTIL** : ~ 까지 (지속성)

    I'll be at home until 5:30. (5시 30분까지 집에 있을 거예요.)
    Can you stay until Thursday? (너는 목요일까지 머무를 수 있니?)
    Let's work until 5 p.m. (오후 5시까지 일하자.)
    The road will be closed until noon. (그 도로는 정오까지 폐쇄될 거야.)

복습하기

❶ The train will leave _____ 10 mins. : 기차는 10분 지나서 출발할 거야.

❷ The class starts _____ 9. : 수업은 9시부터 시작해.

❸ It's been raining _____ last Friday. : 지난주 금요일 이후 쭉 비가 오고 있어.

❹ I've been looking for it _____ 30 minutes. : 30분 동안 찾고 있었어.

❺ I have to finish this report _____ Friday. : 나는 금요일까지 이 보고서를 끝내야 해.

❶ in ❷ from ❸ since ❹ for ❺ by

장소 / 위치를 표현할 때 쓰는 전치사 완전 정복-1
(in / on / at)

- **IN** : ~에는, ~에서, ~에, ~ 안에 (도시 이상의 장소 / 구획이 정확한 공간 안 / 공간 안)

  = **in the universe** (우주에는)
  = **in the world** (세상에서)
  = **in Korea** (한국에는)
  = **in Seoul** (서울에서)
  = **in my room** (내 방에)
  = **in the building** (건물 안에)
  = **in the box** (상자 안에)
  = **in my pocket** (내 주머니 안에)

- **ON** : ~에 (한쪽 면이 뚫려 있는 공간 접촉되는 면 위에)

  = **on the table** (테이블 위에)
  = **on the wall** (벽에)
  = **on the floor** (바닥에)
  = **on the roof** (지붕 위에)
  = **on the ceiling** (천장에)
  = **on the ground** (땅 위에)
  = **on the sofa** (소파에)

- **AT** : ~에, ~에서 (구체적인 장소나 어떤 공간의 한 점, 또는 주소나 지점에서)

  = **at home** (집에서)
  = **at the market** (시장에서)
  = **at the bus stop** (버스정류장에서)
  = **at the gate** (입구에서)
  = **at the door** (문에)

  주의 지정된 장소보다 일어나는 행사나 사건에 중점을 둘 때도 주로 **at**을 사용한다.

  = **at the meeting** (회의에서), **at the wedding** (결혼식에서)

- **IN** : ~ 에는, ~ 에서, ~ 에, ~ 안에

    There are many planets in the universe. (우주에는 많은 별들이 있어.)
    He is the one of the richest men in the world (그는 세상에서 가장 부유한 사람들 중 한 명이야.)
    I was born in Seoul (나는 서울에서 태어났어.)
    Smoking is not allowed in the building. (건물 안에 흡연은 금지되어 있어.)
    There's little money in my pocket. (내 주머니 안에 돈이 거의 없어.)

- **ON** : ~ 에

    Look at the picture on the wall. (벽에 있는 그림을 봐.)
    He got down on the floor. (그는 바닥에 엎드렸어.)
    The mirror is on the ceiling (거울이 천장에 있어.)
    Snow was lying on the ground (눈이 땅 위에 쌓였어.)
    She was sitting on the sofa. (그녀는 소파에 앉아 있었어.)

- **AT** : ~ 에서

    I left my umbrella at home. (우산을 집에 두고 왔어.)
    She bought it at the market. (그녀는 그것을 시장에서 샀어.)
    They are waiting at the bus stop. (그들이 버스 정류장에서 기다리고 있어.)
    They checked my ID at the gate. (그들이 게이트에서 내 신분증을 확인했어.)
    He sang at the wedding. (그 남자 결혼식에서 축가를 불렀어.)

복습하기

1. Smoking is not allowed _____ the building. : 건물 안에 흡연은 금지되어 있어.

2. Look at the picture _____ the wall. : 벽에 있는 그림을 봐.

3. She was sitting _____ the sofa. : 그녀는 소파에 앉아 있었어.

4. She bought it _____ the market. : 그녀는 그것을 시장에서 샀어.

5. They checked my ID _____ the gate. : 그들이 게이트에서 내 신분증을 확인했어.

1 in 2 on 3 on 4 at 5 at

074강

장소 / 위치를 표현할 때 쓰는 전치사 완전 정복-2

(in front of / behind / next to / beside / by / near / around / between A and B / among)

- **IN FRONT OF** : ~앞에
  = **in front of the entrance** (입구 앞에)

- **BEHIND** : ~뒤에
  = **behind the door** (문 뒤에)

- **NEXT TO** : 옆에 (둘 사이에 아무 것도 없어야 함)
  = **next to the park** (공원 옆에)
  = **next to my father** (아버지 옆에)

- **BESIDE** : 바로 옆에, 곁에 (손이 닿을 정도)
  = **beside the desk** (책상 바로 옆에)
  = **beside her grandmother** (할머니 바로 옆에)

- **BY** : '~옆에' 라는 의미를 강조할 때 / 심리적으로 느껴지는 옆에
  = **by the window** (창가 옆에)
  = **by me** (내 옆에)

- **NEAR** : ~근처에, ~가까이에
  = **near my home** (우리 집 근처에)

- **AROUND** : 주위에, 주변에
  = **around him** (그의 주위에)

- **BETWEEN A AND B** : A와 B 사이에, 둘 중
  = **between you and me** (너와 나 사이에)
  = **between the two jobs** (두 가지 일 사이에)
  = **between meals** (식사 사이에)

- **AMONG** : ~ 셋(이상) 사이에서
  = **among her friends** (그녀의 친구들 사이에서)

- **IN FRONT OF** : ~ 앞에

  Do not park in front of the entrance. (입구 앞에 주차하지 마십시오.)

- **BEHIND** : ~ 뒤에

  It's behind the door. (문 뒤에 있어.)

- **NEXT TO** : 옆에

  My house is next to the park. (우리 집은 공원 옆에 있어. - 집과 공원 사이에 아무것도 없다.)

  I was sitting next to my father. (나는 아버지 옆에 앉아 있었어. - 나와 아버지 사이에 아무것도 없다.)

- **BESIDE** : 바로 옆에, 곁에 (손이 닿을 정도)

  The bed is beside the desk. (침대가 책상 바로 옆에 있어.)

  Come and sit beside me. (이리 와서 내 바로 옆에 앉아.)

  She was beside her grandmother all night. (그녀는 밤새 할머니 곁에 있었다.)

- **BY** : '~옆에'

  My house is by the park. (우리 집은 공원 옆에 있어.)

  How about the table by the window? (창가 옆에 테이블은 어때?)

  Stand by me. (내 옆에 있어 줘. - 심리적인 옆)

- **NEAR** : ~근처에, ~가까이에

  His house is quite near my home. (그의 집은 우리 집 아주 근처에 있어.)

- **AROUND** : 주위에, 주변에

  I'm just looking around. (그냥 둘러보는 거야.)

  People are standing around him. (사람들이 그의 주위에 서 있어.)

  You can take a bus around Central Park. (센트럴 파크 주변에서 버스를 타면 된다.)

- **BETWEEN A AND B : A와 B 사이에, 둘 중**

  This is just between you and me. (이건 너와 나 사이에 일이야.)

  I had to choose between the two jobs. (나는 두 가지 일 중에서 선택해야 했어.)

  Try not to eat between meals. (식사 사이에 간식을 먹지 않도록 해라.)

  It was true love between them. (그것은 그들 사이의 진정한 사랑이었다.)

- **AMONG : ~ 셋(이상) 사이에서**

  She is popular among her friends. (그녀는 친구들 사이에서 인기가 있어.)

복습하기

❶ Do not park _____ _____ ___ the entrance. : 입구 앞에 주차하지 마십시오.

❷ My house is _____ ___ the park. : 우리 집은 공원 옆에 있다.

❸ She was _____ her grandmother all night. : 그녀는 밤새 할머니 곁에 있었다.

❹ I'm just looking _____ . : 그냥 둘러보는 거야.

❺ Try not to eat _____ meals. : 식사 사이에 간식을 먹지 않도록 해라.

❶ in front of ❷ next to ❸ beside ❹ around ❺ between

075강 장소 / 위치를 표현할 때 쓰는 전치사 완전 정복-3
(over / under / above / below / on / beneath)

- **OVER** : ~을 넘어 (머리 위로 닿을 만 하거나 머리 위를 덮어씌우는 상태)

  = **over the fence** (울타리를 넘어)
  = **over the mountain** (산을 넘어)

- **UNDER** : ~ 바로 밑에

  = **under your coat** (코트 바로 밑에)
  = **under the bed** (침대 바로 밑에)

- **ABOVE** : ~ 보다 위에 (위치 강조) / 수준이 높은

  = **above Busan** (부산 위에 '위치한')
  = **above the clouds** (구름 위에 '위치한')
  = **above B** (B학점 이상)

- **BELOW** : ~보다 아래에 / 수준이 떨어지는

  = **below zero** (0도 아래에, 영하의)
  = **below cost** (가격 밑으로)
  = **below average** (평균 이하의)

- **ON** : ~(위)에

  = **on the floor** (바닥에)

- **BENEATH** : (접촉면) 아래에, 밑에

  = **beneath the ground** (땅 밑에)
  = **beneath the stone** (돌 밑에)

- **OVER** : ~ 을 넘어

A dog ran over the fence. (개 한 마리가 울타리를 넘었어.)

The plane flew over the mountain. (비행기가 산을 넘어 날았어.)

- **UNDER** : ~ 바로 밑에
  Put on a vest under your coat. (코트 바로 밑에 조끼를 입어.)
  Have you looked under the bed? (침대 바로 밑은 찾아 봤니?)

- **ABOVE** : ~ 보다. 위에 / 수준이 높은
  Seoul is above Busan. (서울은 부산 위에 있어.)
  The sun is above the clouds (태양이 구름 위에 있어.)
  Many students got above B. (많은 학생들이 B학점 이상을 받았어.)

- **BELOW** : ~보다. 아래에 / 수준이 떨어지는
  It was below zero last night. (어젯밤 기온이 영하였어.)
  It was sold below cost. (가격 밑으로 팔렸어.)
  His grades are below average. (그의 성적은 평균 이하였어.)

- **ON** : ~ 에
  My luggage bag is on the floor. (내 가방은 바닥에 있어.)

- **BENEATH** : ~ 아래에
  He lies beneath the ground. (그는 땅 밑에 누워 있어.)
  There is a crawfish beneath the stone. (돌 밑에 가재가 있어.)

복습하기

1 A dog ran _____ the fence. : 개 한 마리가 울타리를 넘었어.

2 Put on a vest _____ your coat. : 코트 바로 밑에 조끼를 입어라.

3 Seoul is _____ Busan. : 서울은 부산 위에 있어.

4 It was sold _____ cost. : 가격 밑으로 팔렸어.

5 He lies _____ the ground. : 그는 땅 밑에 누워 있어.

1 over **2** under **3** above **4** below **5** beneath

076강 방향을 나타낼 때 쓰는 전치사 완벽 정리-1

(into / out of / from / to / from A to B / for / toward)

- **INTO** : ~ 안으로, ~ 속으로 (방향을 나타냄)
  = **into the meeting room** (회의실안으로)
  = **into the water** (물속으로)

- **OUT OF** : ~ 밖으로, ~ 차에서
  = **out of the building** (건물 밖으로)
  = **out of his car** (차에서)

- **FROM** : ~ 로부터, ~ 출신인 (근원, 원천, 출처)
  = **from Latin** (라틴어로부터)
  = **from Korea** (한국 출신인)

- **TO** : ~ 으로, ~ 로 (목적지 / 이미 정해진 목적지)
  = **to London next week** (런던으로)

- **FROM A TO B** : A에서 B까지
  = **from Seoul to L.A?** (서울에서 LA까지)

- **FOR** : ~ 행의, ~ 으로 (방향성 / 목적+방향)
  = **for Busan** (부산행)
  = **for New York** (뉴욕으로)

- **TOWARD** : ~ 를 향해, ~ 쪽으로 (목표 지점이 아닌 방향성을 가지고 가까이 가는 상황)
  = **toward the shopping cart** (쇼핑 카트를 향해)
  = **toward the river** (강 쪽으로)

- **INTO** : ~ 안으로, ~ 속으로

  He jumped into the water. (그는 물속으로 뛰어들었어.)

- **OUT OF** : ~ 밖으로, ~ 차에서

  He got out of his car. (그는 차에서 내렸어.)

- **FROM** : ~ 로부터, ~ 출신인

  English words come from Latin. (영어 단어는 라틴어에서 왔어.)
  I'm from Korea. (나는 한국출신이야.)

- **TO** : ~ 으로, ~ 로

  I'm going to London next week. (나는 다음 주에 런던에 갈 거야.)

- **FROM A TO B** : A에서 B까지

  How long will it take from Seoul to L.A? (서울에서 LA까지 얼마나 걸릴까?)

- **FOR** : ~ 행의, ~ 으로

  This train is for Busan. (이 열차는 부산행이야.)
  He left for New York. (그는 뉴욕으로 떠났어.)

- **TOWARD** : ~ 를 향해, ~ 쪽으로

  I walked toward the river. (나는 강 쪽으로 걸어갔어.)

복습하기

1 He jumped _____ the water. : 그는 물속으로 뛰어들었어.

2 He got _____ ___ his car. : 그는 차에서 내렸어.

3 English words come _____ Latin. : 영어 단어는 라틴어에서 왔어.

4 I'm going _____ London next week. : 나는 다음 주에 런던에 갈 거야.

5 He left _____ New York. : 그는 뉴욕으로 떠났어.

1 into **2** out of **3** from **4** to **5** for

077강 방향을 나타낼 때 쓰는 전치사 완벽 정리-2
(along / across / through)

- **ALONG** : ~ 따라서, ~ 방향으로
  = **walk along** (~ 따라서 걷다.)
  = **go for a walk along** (~ 따라서 산책하다.)
  = **be along** (~ 따라서 있다.)
  = **live along** (~ 따라서 살고 있다.)
  = **keep along** (~ 방향으로 쭉 가다.)

- **ACROSS** : ~을 가로 질러, ~ 건너서 (평면으로 가로지르는 방향이나 위치)
  = **walk across** (~ 가로 질러 걷다.)
  = **run across** (~가로 질러 뛰다.)
  = **be across** (~ 건너서 있다.)
  = **fly across** (~가로 질러 날다.)
  = **swim across** (~가로 질러 수영하다.)

- **THROUGH** : ~을 통과해서, ~을 통해 (장애물을 가로지르는 방향)
  = **go through** (~을 통과하다.)
  = **drive through** (~을 (차로) 통과하다.)
  = **climb through** (~을 (건너서) 통과하다.)
  = **see through** (~을 통해 보다.)
  = **get through** ((어렵거나 힘든 과정을) 통과하다.)

  > **주의** 'through' 는 단순한 방향의 의미뿐 아니라 '어렵거나 힘든 일을 관통하여 해내다, 거치다'라는 의미로 회화에서 더 많이 쓰인다.

- **ALONG** : ~ 따라서, ~ 방향으로

I was walking along the street. (나는 길을 따라서 걷고 있었어.)

We went for a walk along the beach. (우리는 해변을 따라서 산책을 갔어.)

His room is along the corridor. (그의 방은 복도를 따라서 있어.)

They live just along the road. (그들은 바로 그 대로변을 따라서 살고 있어.)

Keep left along the wall. (담을 따라 계속 왼쪽 방향으로 걸어.)

- **ACROSS** : ~을 가로 질러, ~ 건너서

  They walked across the grass. (그들은 잔디밭을 가로질러 걸었어.)

  The old man ran across the road. (그 노인은 길을 가로질러 달려갔어.)

  The bank is just across the street. (은행은 도로 건너서 있어.)

  A plane flew across the sky. (비행기 한 대가 하늘을 가로질러 날았어.)

  We watched her swim across the river. (우리는 그녀가 강을 가로질러 수영하는 걸 봤어.)

- **THROUGH** : ~을 통과해서, ~을 통해

  He went through the security. (그가 검색대를 통과했어.)

  We drove through the tunnel. (우리는 차로 터널을 통과했어.)

  I climbed through the window. (나는 창문으로 간신히 통과했어.)

  I can't see through the window. (나는 창문을 통해 볼 수가 없어.)

  I have to get through the exams. (나는 그 시험을 통과해야 해.)

복습하기

1 I can't see _____ the window. : 나는 창문을 통해 볼 수가 없어.

2 They walked _____ the grass. : 그들은 잔디밭을 가로질러 걸었어.

3 We went for a walk _____ the beach. : 우리는 해변을 따라서 산책을 갔어.

4 I have to get _____ the exams. : 나는 그 시험을 통과해야 해.

5 The bank is just _____ the street. : 은행은 도로 건너서 있어.

1 through **2** across **3** along **4** through **5** across

078강 방향을 나타낼 때 쓰는 전치사 완벽 정리-3 (up / down)

- **UP**

  1. 주로 방향을 나타내는 동사와 함께 쓰인다. (위로, 위를)

  = **go up** (올라가다.)
  = **climb up** (올라가다.)
  = **stand up** (일어나다.)
  = **look up** (위를 보다.)
  = **get up** (일어나다, 기상하다.)
  = **jump up** (뛰다, 뛰어 오르다.)
  = **move up** (승진하다.)

  2. 주로 상태를 나타내는 동사와 함께 쓰인다. (크게, 높게)

  = **speak up** (크게 말하다.)
  = **turn up** (볼륨을 높이다.)
  = **cheer up** (기운 내다.)

  > **주의** 방향과는 상관없지만, 동사 뒤에 쓰여서 '완전히'라는 의미로도 사용될 수 있으니 참고로 알아두자.

  = **eat up** (다. 먹어 치우다.)
  = **clean up** (대청소 하다.)
  = **dress up** (잘 차려 입다.)

- **DOWN**

  1. 주로 방향을 나타내는 동사와 함께 쓰인다. (아래로, 밑에)

  = **look down** (내려다. 보다.)
  = **go down** (내려가다.)
  = **sit down** (앉다.)
  = **lie down** (눕다.)
  = **put down** (내려놓다.)

2. 주로 상태를 나타내는 동사와 함께 쓰인다) (낮게, 낮추는, 완전히)

= **turn down** (볼륨을 낮추다.)
= **slow down** (속도를 낮추다.)
= **calm down** (진정하다.)
= **write down** (받아 적다.)
= **shut down** (폐쇄하다, 폐점하다.)
= **close down** (닫다.)

● **UP**

1. 방향 : ~ 위로, ~ 위를

Just go up these stairs. (이 계단 위로 그냥 올라가.)

We are going to climb up the mountain tomorrow. (우리 내일 그 산을 오를 거야.)

Stand up, please. (좀 일어나 보세요.)

Look up in the sky. (하늘 위를 쳐다봐.)

I usually get up at 6. (나는 보통 6시에 일어나.)

Don't jump up in the house. (집에서는 뛰지 마.)

I think I'm gonna move up. (나 승진할 거 같아.)

2. 상태 : 높게, 크게

Could you speak up a little? (조금 크게 말해줄래?)

Don't turn up TV at night. (밤에는 TV 크게 틀지 마.)

Cheer up. (기운 내.)

주의 완전히

Don't eat up everything in sight. (보이는 대로 다 먹어 치우지 마.)

I have to clean up my room. (내 방 대청소해야 해.)

Do I have to dress up? (잘 차려 입어야 하나요?)

• DOWN

1. 방향 : ~ 아래로, 밑에

We can look down over the city in the window. (우리는 창문을 통해서 도시 전체를 내려다 볼 수 있어.)

Let's go down the slide. (슬라이드를 타고 내려가자.)

Sit down please. (좀 앉으세요.)

You should lie down for a while. (잠시 좀 누워있어.)

Put it down over there. (저기에 내려놓아.)

2. 상태 : 낮게, 낮추는, 완전히

You'd better turn down the volume. (볼륨 좀 낮추는 게 나아)

Would you please slow down? (좀 천천히 가 주실래요?)

Calm down! What's the problem? (진정 좀 해, 뭐가 문제야?)

Write down what I say. (내가 말하는 대로 받아 적어.)

The shop was shut down. (가게가 폐쇄되었어.)

I'll close down the store. (가게 닫으려고요.)

복습하기

❶ I think I'm gonna _____ ___ . : 나 승진할 거 같아.

❷ _____ _____ ! What's the problem? : 진정 좀 해, 뭐가 문제야?

❸ Do I have to _____ ___ ? : 잘 차려 입어야 하나요?

❹ We can _____ _____ over the city in the window. : 우리는 창문을 통해서 도시 전체를 내려다 볼 수 있어.

❺ _____ _____ what I say. : 내가 말하는 대로 받아 적어.

❶ move up ❷ Calm down ❸ dress up ❹ look down ❺ Write down

079강 상태를 나타낼 때 쓰는 전치사 완벽 정리 (on / off)

- **ON**

    1. 접촉면과 닿은
    = **turn on** (전기를 켜다.)
    = **put on** (옷을 입다, 몸에 착용하다.)
    = **try on** (입어 보다.)
    = **get on** (타다, 승선하다.)

    2. 계속 지속하는
    = **go on** (계속하다.)
    = **keep on** (지속하다.)
    = **hold on** (대기하다.)

- **OFF**

    1. 접촉면과 떨어진
    = **turn off** (전기를 끄다.)
    = **take off** (벗다, 이륙하다.)
    = **be off** ((지금 장소에서) 떠나다.)
    = **get off** (내리다, 하차하다.)
    = **keep off** (떨어지다.)

- **ON**

    1. 접촉면과 닿은

    Could you turn on the lights? (불 좀 켜 주겠니?)

    He is putting on his pants. (그는 바지 입고 있어.)

    When you are out, put on sunscreen. (야외 일 때는 선크림을 바르세요.)

Try on this hat. (이 모자 써 봐.)
We got on the bus downtown. (우리는 시내에 있는 버스를 탔다.)

2. 계속 지속하는
We can't go on like this. (이대로 계속 할 수는 없어.)
Keep on the right side of the road. (도로 우측으로 계속 가십시오.)
Can you hold on? (잠시 좀 기다리시겠어요?)

• OFF

1. 접촉면과 떨어진
Be sure to turn off the gas. (반드시 가스를 꺼라.)
Take off your coat. (외투를 벗어라.)
It's ready to take off. (이륙 준비 되었습니다.)
I'm off (나 가야겠어.)
I get off at the next station. (다음 역에서 내려요.)
Keep off the grass. (잔디밭에 들어가지 마시오.)

복습하기

1 Could you _____ ___ the lights? : 불 좀 켜 주겠니?

2 When you are out, _____ ___ sunscreen.(야외 일 때는 선크림을 바르세요.)

3 _____ ___ the right side of the road. : 도로 우측으로 계속 가십시오.

4 _____ ___ the grass. : 잔디밭에 들어 가지 마시오.

5 It's ready to _____ ___. : 이륙 준비 되었습니다.

1 turn on **2** put on **3** Keep on **4** Keep off **5** take off

대략 ~정도, ~에 대해
(about / over / around)

- **ABOUT** : 대략 ~정도, ~에 대해 (정확하지 않지만 어느 정도 한정된 부분이며 목표가 있다.)

  1. ABOUT + 명사 : 대략 ~ 정도

  = **about 6 feet tall**. (대략 6피트 정도)
  = **about 200 pages**. (대략 200페이지 정도)

  2. 동사 + ABOUT : ~에 대해

  = **talk about** (~에 대해 말하다.)
  = **think about** (~에 대해 생각하다.)

- **OVER** : ~을 넘어, ~ 위로, ~을 건너

  1. OVER + 명사 : ~을 넘어

  = **over the wall** (담을 넘어)
  = **over the fence** (울타리를 넘어)

  2. 동사 + OVER : 한 쪽에서 다른 쪽으로, ~위로, 반복해서

  = **come over** (건너오다.)
  = **hand over** (양도하다, 이양하다.)
  = **take over** (넘겨받다, 양도받다.)
  = **pull over** (세우다.)
  = **think over** (곰곰이 생각하다.)

- **AROUND**

  1. AROUND + 명사 : 근처의, 주위의

  = **around the corner** (코너 근처의)
  = **around us** (우리 주위의)

2. 동사 + AROUND : 근처의, 주위의 (막연한 부분, ABOUT 보다 범위가 크다.)

= **sit around** (근처에 앉다.)

= **look around** (주위를 둘러보다.)

• ABOUT

1. ABOUT + 명사 : 대략 ~ 정도

He's about 6 feet tall. (그는 키가 대략 6피트 정도 돼.)

This book has about 200 pages. (이 책은 대략 200페이지 정도 돼.)

2. 동사 + ABOUT : ~에 대해

Let's talk about our business. (우리 일에 대해 이야기해보자.)

I'll think about it. (그거에 대해 생각 좀 해볼게)

• OVER

1. OVER + 부사 / 명사 : ~을 넘어,

The dog jumps over the fence. (그 개는 울타리를 넘어.)

2. 동사 + OVER : 한 쪽에서 다른 쪽으로, ~위로, 반복해서

Come over here! (이리로 와 봐.)

We have to hand over the documents by 5 o'clock. (우린 그 문서를 5시까지 넘겨야해.)

Please take over my seat. (제 자리 좀 맡아주세요.)

Let's pull over and take a look. (차를 세우고 살펴보자.)

Think over what I said. (내가 말한 거 심사숙고 해봐.)

- **AROUND**

  1. AROUND + 명사 : 근처의, 주위에

  The restroom is around the corner. (화장실은 코너 근처에 있어.)

  2. 동사 + AROUND : 근처의, 주위의

  They sat around the table. (그들은 테이블에 둘러앉았어.)

  I'm just looking around. (그냥 둘러보는 거야.)

복습하기

❶ This book has _____ 200 pages. : 이 책은 200페이지 정도 된다.

❷ Let's talk _____ our business. : 우리 일에 대해 이야기합시다.

❸ Let's _____ _____ and take a look. : 차를 세우고 살펴보자.

❹ Think _____ what I said. : 내가 말한 거 심사숙고 해봐.

❺ They ____ _____ the table. : 그들은 테이블에 둘러앉았다.

❶ about ❷ about ❸ pull over ❹ over ❺ sat around

알아두면 쓸모있는 영어회화 잡학사전

회화 할 때 왕초보 실력 안 들키고 발음하는 방법

6

081강

단어에서 'N' 다음에 'T'가 올 때 'T'는 약하게 발음한다.

- N 다음에 T 발음은 주로 약하게 발음한다.

  WANT   DON'T   DIDN'T   ISN'T   HAVEN'T
  SPENT   PREGNANT   RECENTLY   APPARENTLY   ENGAGEMENT

- N 다음에 T 발음

  1. I want it. (저 그걸 갖고 싶어요.)
  2. I don't think so. (난 그렇게 생각 안 해.)
  3. She didn't know. (그녀는 몰랐다.)
  4. There isn't anything I can do. (내가 할 수 있는 일은 아무것도 없어.)
  5. I haven't been there. (나는 그곳에 가본 적이 없어.)
  6. I spent too much time. (나는 너무 많은 시간을 보냈어.)
  7. I'm pregnant. (지금 임신 중이에요.)
  8. He has been to London, recently. (그는 최근에 런던에 가본 적이 있어.)
  9. Apparently she is unhappy with him. (보아하니 그녀는 그에게 불만이 있는 것 같아.)
  10. Has anyone seen my engagement ring? (내 약혼반지 본 사람 있어?)

082강

단어에서 'S' 다음에 'T'가 올 때 'T'는 약하게 발음한다.

- S 다음에 T 발음은 주로 약하게 발음한다.

  LAST   JUST   BEST   FIRST   MOST

- S 다음에 T 발음

  1. I told my parents last night. (어젯밤에 부모님께 말씀드렸어.)
  2. I got no sleep last night. (어젯밤에 잠을 못 잤어.)
  3. Just leave it there. (그냥 저쪽에 두세요.)
  4. I just don't love him. (난 그냥 그를 사랑하지 않아.)
  5. He is my best friend. (그는 나의 둘도 없는 친구야.)
  6. This book is the best seller. (이 책이 제일 잘 팔려.)
  7. It's my first time. (전 처음이에요.)
  8. That's on the first floor. (그건 1층에 있어.)
  9. I am very happy most of the time. (나는 대부분의 시간에 매우 행복해.)
  10. Most people use computers every day. (대부분의 사람들은 매일 컴퓨터를 사용해.)

083강

단어에서 'R' 다음에 'T'가 올 때 'T'는 약하게 발음한다.

- R 다음에 T 발음은 주로 약하게 발음한다.

  SHORT   START   SHIRT   ART   TART   PART

- R 다음에 T 발음

  1. Your pants are too short. (바지가 너무 짧구나.)
  2. You can't learn English in a short time. (너가 영어를 단기간에 배울 수는 없어.)
  3. I can't start my work. (일을 시작할 수 없어.)
  4. She started to cry. (그녀는 울기 시작했어.)
  5. My shirt was wet. (내 셔츠가 물에 젖었어.)
  6. This shirt needs washing. (이 셔츠는 빨아야 해.)
  7. She's studying art history. (그녀는 미술사를 공부하고 있어.)
  8. I'd like to visit the art gallery. (나는 미술관을 방문하고 싶어.)
  9. Egg tart is my favourite food. (에그 타르트는 내가 가장 좋아하는 음식이야.)
  10. She's looking for a part-time job. (그녀는 아르바이트를 찾고 있어.)

084강

단어에서 'N' 다음에 'D'가 올 때 'D'는 약하게 발음한다.

- N 다음에 D 발음은 주로 약하게 발음한다.

  AN**D**   SECON**D**   THOUSAN**D**   BRAN**D**   RECOMMEN**D**

- N 다음에 D 발음

  1. I want to learn more an**d** more. (나는 점점 더 배우고 싶어.)
  2. I'm only 24 an**d** I'm divorced. (나는 겨우 24살이고 이혼했어.)
  3. This is my secon**d** time. (두 번째예요.)
  4. I'll be there in a secon**d**. (금방 갈게.)
  5. I have a thousan**d** dollars. (나는 천 달러를 가지고 있어.)
  6. A thousan**d** people were there. (거기에는 천 명의 사람들이 있어.)
  7. I prefer a bran**d** new car. (나는 새 차를 선호해.)
  8. It's a famous bran**d** name. (유명한 브랜드 이름이야.)
  9. I highly recommen**d** you see a doctor. (나는 네가 병원에 가보는 것을 강력히 추천해.)
  10. Could you recommen**d** something to eat? (먹을 만한 것 좀 추천해주시겠어요?)

085강

단어에서 'L' 다음에 'D'가 올 때 'D'는 약하게 발음한다.

- L 다음에 D 발음은 주로 약하게 발음한다.

  OLD   BOLD   TOLD   COLD   GOLD   HOLD

- L 다음에 D 발음

  1. We are old friends. (우리는 오랜 친구야.)
  2. I have a ten-year old boy. (나는 열 살짜리 아들이 있어.)
  3. Be bold enough to do it. (그것을 할 만큼 대담해져야 해.)
  4. I told my parent about this. (나는 이것에 대해 부모님께 말씀드렸어.)
  5. I told you it was easy. (쉬웠다고 말했잖아.)
  6. It's not cold today. (오늘은 춥지 않아.)
  7. It's quite cold here. (여기는 꽤 추워.)
  8. I will win the gold medal. (나는 금메달을 딸 거야.)
  9. Hold your hands together. (두 손을 맞잡으세요.)
  10. Hold the mayo, please. (마요네즈는 들고 계십시오.)

086강

단어가 'D'나 'T'로 끝나고 뒤에 단어 철자 'T'와 충돌할 때 앞 철자 'D'는 주로 생략해서 발음한다.

- **D**와 **T**가 충돌할 때 앞의 철자는 주로 생략해서 발음한다.

  BE SUPPOSE**D** TO   HAPPENE**D** TO   BA**D** TIME   GOO**D** TO   COL**D** TO

- **T**와 **T**가 충돌할 때 앞의 철자는 주로 생략해서 발음한다.

  JUS**T** TODAY   OU**T** TODAY   I**T** TOMORROW   GE**T** TEN

- **D와 T가 충돌할 때**

  1. You are not suppose**d** **t**o walk on the grass. (잔디 위에 걸어 다니면 안 돼.)
  2. It happene**d** **t**o me. (그 일이 내게 일어났어.)
  3. Is this a ba**d** **t**ime? (지금은 때가 안 좋은가요?)
  4. It's goo**d** **t**o have you here. (네가 여기 있어서 좋아.)
  5. It's too col**d** **t**o swim. (너무 추워서 수영할 수 없어.)

- **T와 T가 충돌할 때**

  1. It's not jus**t** **t**oday. (오늘만 그런 게 아니에요.)
  2. Carol moved ou**t** **t**oday. (Carol은 오늘 이사를 갔어.)
  3. Let's do i**t** **t**omorrow. (그거 내일 합시다.)
  4. You will ge**t** **t**en dollars. (너는 10달러를 받을 거야.)

087강

단어가 'D'나 'T'로 끝나고 뒤에 단어 철자 'TH'와 충돌할 때 앞 철자 'D'는 주로 생략해서 발음한다.

- D와 TH가 충돌할 때 앞의 철자는 주로 생략해서 발음한다.
  SAID THE   LOUD THEY   SAID THAT   HAD THREE   COULD THROW

- T와 TH가 충돌할 때 앞의 철자는 주로 생략해서 발음한다.
  STRAIGHT THOSE   RIGHT THERE   ACCEPT THIS   LEFT THE
  COUNT THREE

- **N 다음에 T 발음**

  1. This is all about what I said the other day. (요 전날 내가 한 말이 전부야.)
  2. You have no idea how loud they are. (너는 그들이 얼마나 시끄러운지 몰라.)
  3. I can't understand why he said that. (나는 그가 왜 그런 말을 했는지 이해할 수 없어.)
  4. I had three apples already. (나는 벌써 사과를 세 개 먹었어.)
  5. I could throw the garbage away for you. (내가 널 위해 쓰레기를 버릴 수 있어.)

- **T와 TH가 충돌할 때**

  1. How straight those noodles are. (저 국수는 얼마나 곧은가.)
  2. Be right there. (바로 거기 있어.)
  3. You'll accept this. (너는 이것을 받아들일 거야.)
  4. She has left the building. (그녀는 그 건물을 떠났어.)
  5. I'll count three. (셋을 셀게.)

088강

단어가 'S'로 끝나고 뒤에 단어 철자 'J'와 충돌할 때 앞 철자 'S'는 주로 생략해서 발음한다.

- S와 J가 충돌할 때 앞의 S는 주로 생략해서 발음한다.

  LET'S JUST   IT'S JUST   TASTES JUICY   IS JUSTICE   IS JOE

- S와 J가 충돌할 때

  1. You said let's just be friends. (그냥 친구로 지내자고 했잖아.)
  2. It's just what I need. (그냥 내가 필요한 거야.)
  3. It tastes juicy. (맛이 즙이 많아.)
  4. What is justice? (정의란 무엇인가?)
  5. My name is Joe. (내 이름은 조야.)

089강 단어에서 'T'와 'T'가 겹쳐서 쓰이면 주로 'ㄷ'이나 'ㄹ'로 변형시켜 발음한다.

- T와 T가 겹치면 주로 'ㄷ'이나 'ㄹ'로 변형시켜 발음한다.

PRE**TT**Y   HI**TT**ING   GO**TT**A   OU**TT**A   GE**TT**ING   MA**TT**ER

- T와 T가 겹칠 때

1. They seemed to take it pretty well. (그들은 그것을 꽤 잘 받아들이는 것 같았어.)
2. I'm pretty good at this. (나 이거 꽤 잘해.)
3. Stop hitting on her. (그 여자한테 그만 좀 대쉬해.)
4. I just gotta go. (난 그냥 가야 해.)
5. I've gotta tell you. (너한테 말해야겠어.)
6. We're outta here. (우린 여기서 나갈 거야.)
7. That's why I was getting married. (그래서 내가 결혼하는 거였어.)
8. Why's he getting all my money? (그는 왜 내 돈을 다 가져가는 거지?)
9. What's the matter? (무슨 일이죠?)
10. No matter what I do. (내가 뭘 하든.)

090강

단어 중간에 'T'가 있을 때는 주로 약한 'ㄷ'이나 'ㄹ'로 변형시켜 발음한다.

- T가 단어 중간에 있을 때는 주로 약한 'ㄷ'나 'ㄹ'로 변형시켜 발음한다.

  WAI**T**ING DA**T**ING COMFOR**T**ABLE TI**T**LE DA**T**ING CI**T**Y
  PAR**T**Y SOPHIS**T**ICATED

- 단어 중간에 T가 있을 때

  1. Are we waiting for your wedding? (우리는 너의 결혼식을 기다리고 있니?)
  2. There was no dating for two years. (2년 동안 연애는 없었어.)
  3. I'm not comfortable with it. (난 그게 편치 않아.)
  4. Why is she in the title? (그녀는 왜 타이틀에 있니?)
  5. It's like dating language. (마치 데이트 언어 같아.)
  6. We were in the city shopping. (우리는 시내 쇼핑을 하고 있었어.)
  7. It's party time. (파티 시간이야.)
  8. He's sophisticated. (그는 세련됐어.)

091강

단어가 'D'나 'T'로 끝날 때는 받침 발음한다.

- 단어가 **D**로 끝날 때는 받침 발음한다.
  SA**D** MA**D** BA**D** RE**D** GOO**D**

- 단어가 **T**로 끝날 때는 받침 발음한다.
  GO**T** ME**T** MIGH**T** CREDI**T** THOUGH**T**

- 단어가 **D**로 끝날 때

  1. Don't be sa**d**. (슬퍼하지 마세요.)
  2. You make me so ma**d**. (너 때문에 너무 화가 나.)
  3. That's not a ba**d** idea. (나쁘지 않은 생각이야.)
  4. Her face turned re**d**. (그녀의 얼굴이 새빨개졌어.)
  5. He's a goo**d** boy. (그는 착한 소년이야.)

- 단어가 **T**로 끝날 때

  1. I go**t** a cold. (감기에 걸렸어요.)
  2. I've me**t** him before, (그를 전에 만난 적이 있지만,)
  3. You migh**t** want that fifth date. (그 다섯 번째 데이트를 원할지도 몰라.)
  4. I take credi**t** for Paul. (나는 Paul의 공을 인정해.)
  5. You've though**t** of this thing. (이 일을 생각해 보셨군요.)

092강

would / could / should 끝의 'D'는 받침 발음한다.

- **WOULD**, **COULD**, **SHOULD** 끝의 '**D**'는 받침 발음한다.

  WOUL**D**   COUL**D**   SHOUL**D**

- **WOULD 발음**

  1. How woul**d** I know? (내가 어떻게 알아?)
  2. She woul**d** help you if possible. (가능하면 그 여자가 도와줄 거야.)
  3. I woul**d** like to thank you all. (모두에게 감사드리고 싶어요.)
  4. I woul**d** like fruit juice. (과일 주스가 좋아요.)
  5. It woul**d** be better for you. (너에게 좋을 거야.)

- **COULD 발음**

  1. How coul**d** I forget? (어떻게 내가 잊겠어요?)
  2. I coul**d** come next week. (다음 주 아마 내가 갈 거야.)
  3. I'm wondering if you coul**d** help me. (저 좀 도와 주실 수 있나요?)
  4. She coul**d** do it for you. (널 위해 할 수 있어.)
  5. You coul**d** say that. (그렇게 말할 수도 있겠지.)

- **SHOULD 발음**

  1. We shoul**d** do this again. (또 해야죠.)
  2. I shoul**d** tell him the truth. (사실 대로 말해야겠어.)
  3. You shoul**d** go as soon as possible. (너는 가능한 한 빨리 가야 해.)
  4. You shoul**d** have told them before. (전에 그들에게 말했어야 했어.)
  5. Why shoul**d** I do that? (내가 왜 그래야 하지?)

093강

인칭대명사 다음에 'be' 동사는 apostrophe에 숨겨서 발음한다.

- 인칭대명사 다음에 '**be**' 동사는 **apostrophe**에 숨겨서 발음한다.

  I am → I'm   You are → You're   He / She is → > He's / She's
  We are → We're   They are → They're

- 인칭대명사 다음에 '**be**' 동사

    1. I'm looking for a used car. (중고차를 찾고 있습니다.)
    2. You're scaring me. (무서워 죽겠어.)
    3. She's working for it. (그녀는 그것을 위해 일하고 있다.)
    4. We're spending too much. (우리는 너무 많은 돈을 쓰고 있다.)
    5. They're gonna come back to me. (그들이 나한테 다시 올 거야.)

094강

IT 다음에 'be' 동사는 apostrophe에 숨겨서 발음한다

- IT 다음에 **'be'** 동사는 **apostrophe**에 숨겨서 발음한다.

  It is → It's

- IT 다음에 'be' 동사

  1. It's time for lunch. (점심시간이에요.)
  2. It's hard to say. (말하기 어려워요.)
  3. It's very cold. (매우 추워.)
  4. It's from my boyfriend. (남자친구가 준 거야.)
  5. Are you sure it's her? (그녀인 게 확실해?)

095강

주어 'That' 다음에 'be' 동사는 apostrophe에 숨겨서 발음한다.

- **THAT** 다음에 '**be**' 동사는 **apostrophe**에 숨겨서 발음한다.

  That is → That's

- **THAT** 다음에 '**be**' 동사

  1. That's mine. (그건 내 거야.)
  2. That's not true. (그렇지 않아.)
  3. I think that's enough. (제 생각에 그것이 충분한 것 같아요.)
  4. That's not what I ordered. (그건 내가 주문한 게 아니야.)
  5. That's what I've been looking for. (그게 내가 찾고 있던 거야.)

096강

'will' 이나 'would'는 apostrophe에 숨겨서 발음한다.

- '**WILL**'이나 '**WOULD**'는 **apostrophe**에 숨겨서 발음한다.

    I will → I'll   It wil → It'll   That will → That'll
    I would → I'd   That would → That'd

- '**WILL**'이나 '**WOULD**'가 올 때

    1. I'll be back in 5 minutes. (5분 후에 돌아올게.)
    2. I'll let you know my schedule. (내 스케줄을 알려줄게.)
    3. It'll probably be OK. (아마 괜찮을 거야.)
    4. It'll take about three weeks. (3주는 걸릴거야.)
    5. That'll be good. (그거 좋겠네.)
    6. That'll make you happy. (그게 너를 행복하게 해줄 거야.)
    7. I'd like orange juice. (나는 오렌지 주스를 마시고 싶어.)
    8. I'd better go now. (지금 가는 게 낫겠어.)
    9. That'd be fine. (그게 좋을 것 같아요.)
    10. That'd be in the kitchen. (부엌에 있을 거야.)

097강

완료형 'have / has / had'는 apostrophe에 숨겨서 발음한다.

- 완료형 'HAVE / HAS / HAD'는 apostrophe에 숨겨서 발음한다.

  I have → I've   It has → it's   He / She has → He's / She's
  I had → I'd

- 완료형 'HAVE / HAS / HAD'이 올 때

  1. I've never met Bob. (나는 Bob을 만난 적이 없어.)
  2. I've never made coffee before in my life. (난 살면서 커피를 만들어 본 적이 없어.)
  3. I've got a question. (질문 있어요.)
  4. It's been a long time. (오랜 세월이 흘렀죠.)
  5. It's been raining for weeks. (몇 주째 비가 내리고 있어.)
  6. He's been waiting for you. (그가 당신을 기다려왔어.)
  7. He's been ill for a long time. (그는 오랫동안 아팠어.)
  8. She's been having a tough time. (그녀는 힘든 시기를 보내고 있어.)
  9. I'd had a plan. (난 계획이 있었어.)
  10. I'd never been in love before. (난 한 번도 사랑에 빠진 적이 없어.)

098강

can과 can't는 강세의 차이로 발음을 구분한다.

- **CAN과 CAN'T는 강세의 차이로 구분한다.**

  CAN : 뒤에 나오는 동사에 강세를 준다.
  CAN'T : CAN'T 자체에 강하게 강세를 준다.

- **CAN을 발음할 때**

  1. I can see that. (알겠어.)
  2. I can swim. (나는 수영을 할 수 있어.)
  3. You can park here. (여기에 주차할 수 있어.)
  4. You can take a photo. (사진 찍어도 돼.)
  5. We can break them up. (우린 그들을 해체할 수 있어.)

- **CAN'T 를 발음할 때**

  1. I can't stop smiling. (웃음이 멈추질 않아.)
  2. I can't do this. (나는 이것을 못 해.)
  3. You can't live off your parents. (부모에게 얹혀 살 수는 없어.)
  4. You can't smoke here. (여기서는 담배를 피우면 안 돼.)
  5. We can't leave it like that. (그렇게 놔둘 순 없어.)

099강 want 발음은 won't 발음과 구분한다.

- **WON'T** 발음은 **WANT** 발음과 구분한다.

    WANT : 입을 크게 벌려 [원트]로 발음.
    WON'T : Will not의 줄임말인 Won't 는 'O'소리를 내듯 입술을 오므려서 발음.

- **WANT**를 발음할 때

    1. I want it. (그걸 원해.)
    2. I want to do that. (난 저걸 하고 싶어.)
    3. I want to eat it. (먹고 싶다.)

- **WON'T**를 발음할 때

    1. Won't we? (안 그럴까?)
    2. I won't do that. (하지 않을게요.)
    3. I won't eat it. (안 먹을 거야.)

100강

몇몇 불규칙 동사 과거형은 유사한 발음과 혼동하기 쉬우니 각별히 주의한다.

불규칙 동사 과거형은 발음과 리스닝에서 주의한다.
- read (읽었다) [레드] - red (빨간) [레드]와 구별한다.
- knew (알았다) [뉴 (k묵음)] - new (새로운) [뉴]와 구별
- went (갔다) [웬(ㅌ발음 약하게)] - when (~ 할 때) [웬]과 구별

- 동사 과거형 **READ**와 **RED** 의미상 구별

    1. I saw the red book on the table. (나 책상 위에서 그 빨간 책 봤어.)
    2. You read alone in your room. (너는 네 방에서 혼자 책을 읽었어. - 동사 과거형)

- 동사 과거형 **KNEW**와 **NEW** 의미상 구별

    1. He is the new manager. (그 사람 새로 온 담당자야.)
    2. You knew about this? (알고 있었어? - 동사과거형)

- 동사 과거형 **WENT**와 **WHEN** 의미상 구별

    1. Tell me when you are on your way. (오는 길에 나한테 문자 줘.)
    2. You went on our honeymoon alone? (우리의 신혼여행을 혼자 갔다고? - 동사과거형)